PÔLE NORD
OCÉAN
LACIAL ARCTIQUE
ESTONIE
LETTONIE
LITUANIE
RÉPUBLIQUE TCHÈQUE
Moscou
RUSSIE
EUROPE
SLOVAQUIE
HONGRIE
SLOVÉNIE
CROATIE
ROUMANIE
BULGARIE
Ankara
TURQUIE
CHYPRE
ASIE
JAPON
Tokyo
Pékin
CHINE
Téhéran
IRAN
PAKISTAN
Karachi
New Delhi
INDE
Riyad
ARABIE SAOUDITE
e Caire
ÉGYPTE
Mer Rouge
Golfe d'Oman
Golfe du Bengale
OCÉAN PACIFIQUE
Jakarta
INDONÉSIE
OCÉAN INDIEN
OCÉANIE
Mayotte
La Réunion
Nouvelle-Calédonie
AUSTRALIE
Canberra
Pretoria
Nouvelle-Amsterdam
Saint-Paul
Crozet
Kerguelen
NOUVELLE-ZÉLANDE
N
O
E
S
OCÉAN
ACIAL ANTARCTIQUE
ANTARCTIQUE
Terre Adélie
PÔLE SUD

Moi en CE1

Tout Savoir

CONFORME AUX PROGRAMMES

CE1

Français
Dominique Marchand

Mathématiques
André Mul

Temps, Enseignement moral et civique, Espace
Bénédicte Idiard

Sciences
Marc Antoine et Richard Minguez

Anglais
Corinne Touati

Avec la participation de Stéphanie Grison

Cet ouvrage est conforme à la nouvelle orthographe
www.orthographe-recommandee.info

Hatier

Mode d'emploi

QUAND utiliser *Tout Savoir* au CE1 ?

▷ Tu veux réviser et t'entrainer avant un contrôle.

▷ Tu as besoin de vérifier tes connaissances dans une matière… c'est le moment d'ouvrir *Tout Savoir* !

COMMENT utiliser *Tout Savoir* au CE1 ?

▷ Pour profiter au mieux de chaque chapitre :
- commence par lire très attentivement la **LEÇON** ;
- observe la **MÉTHODE** pour comprendre comment faire ;
- fais les **EXERCICES** par ordre de difficulté pour t'entrainer.

▷ Dans le **GUIDE PARENTS DÉTACHABLE**, tu trouveras les corrigés détaillés de tous les exercices. Lorsque tu as vérifié tes réponses, seul(e) ou avec tes parents, entoure un des smileys et reporte tes résultats sur la page sommaire de chaque matière.

▷ Dans l'onglet « **Moi en CE1** », tu trouveras des conseils et des activités pour mieux te connaitre, bien apprendre et t'épanouir à l'école.

▷ Dans l'onglet « **Vers le CE2** », tu trouveras des bilans-quiz dans toutes les matières et le programme de l'année prochaine.

▷ Dans ce livre, certains mots sont écrits avec l'orthographe recommandée par le ministère de l'Éducation nationale. Par exemple, « entraîner » devra s'écrire « entrainer » ou encore le mot composé « un abat-jour » s'écrira au pluriel « des abat-jours ». Seuls les textes d'auteur restent dans l'ancienne orthographe.

Cet ouvrage est conforme à la nouvelle orthographe – www.orthographe-recommandee.info

+ UN SITE D'ENTRAINEMENT

avec **DES EXERCICES INTERACTIFS ET DES DICTÉES EN ACCÈS GRATUIT** sur www.hatier-entrainement.com

Scannez ce code pour découvrir le site www.hatier-entrainement.com

Édition : Imaginemos
Conception graphique : Favre et Lhaïk
Réalisation : Ici & ailleurs
Cartographie : Jean-Pierre Crivellari
Dessins : Corédoc, Ici & ailleurs
Illustrations : Ama illustratrice, Anne Guillard (pictos rubriques et entrées de parties), Christel Han (*Guide parents* et onglet « Moi en CE1 »), Colonel Moutarde, Mathias Gally, Vincent Landrin, Benoît Perroud, François Vincent
Iconographie : Hatier Illustration.

Adaptées à tous les profils, les leçons te permettent d'utiliser la méthode d'apprentissage qui te convient le mieux :

regarder — écouter — manipuler

Le numéro du chapitre

Une **LEÇON** visuelle pour bien mémoriser

Une question pour démarrer la leçon

Des **EXERCICES VARIÉS** avec 3 niveaux de difficulté repérés par des étoiles

Un **QUIZ** sur la leçon

Une couleur par matière

Grammaire

8 L'adjectif qualificatif

Pour commencer
Dans la phrase « J'ai un nouveau vélo rouge », quels sont les deux adjectifs ?

J'apprends

- Quand on dit comment est le nom, le mot qu'on utilise est un adjectif qualificatif.

un enfant joyeux — un singe gris — une chaise bleue

- L'adjectif qualificatif fait partie du groupe nominal.
Mon chat noir s'appelle Polochon. (GN)
- L'adjectif qualificatif peut se placer :
– entre le déterminant et le nom commun : la petite fille ; (D adj. nom)
– après le déterminant et le nom commun : une robe rouge. (D nom adj.)

Je comprends comment faire

▶ **Pour utiliser les adjectifs qualificatifs**
Avec l'adjectif qualificatif, le groupe nominal s'agrandit.

un chien → un petit chien → un petit chien blanc → un petit chien blanc et gris

INFO PARENTS
Jouez avec votre enfant au texte « boule de neige » en augmentant progressivement le GN.
Tu es gentil, drôle, etc. ou *C'est l'histoire d'un ogre, géant, très méchant…*

28

Je m'entraîne

1 QUIZ Antoine est un bon conducteur d'autobus. **Coche l'adjectif qualificatif de cette phrase.**

a. Antoine	☐ Oui	☐ Non	b. est	☐ Oui	☐ Non
c. bon	☐ Oui	☐ Non	d. conducteur d'autobus	☐ Oui	☐ Non

2 Souligne les adjectifs de couleur.
une souris grise – un chien blanc – un oiseau bleu – un canard vert – un cheval roux – un poisson rouge

3 Complète le groupe nominal sous chaque dessin avec un des adjectifs suivants : triste contente gros petit pointu

un lit — un oreiller — un garçon — un chapeau — une fille

4 Souligne les adjectifs qualificatifs qui complètent « un petit garçon ».
maison – malin – chante – gourmand – rapide – meuble – beau – histoire – mignon – coquin – mais – pingouin

jeu malin
Charades
a. Mon premier est un métal précieux, mon deuxième est un habitant des cieux, mon tout est un fruit juteux. **Qui suis-je?** ____
b. Mon premier est le contraire de maigre, mon deuxième est élu à la mairie, mon tout aide à bien écrire les mots. **Qui suis-je?** ____

Bravo, tu as terminé ! Entoure ton smiley.

Corrigés page 22 du *Guide parents*

Français

29

Des **CONSEILS** pratiques pour appliquer la leçon au quotidien

Une **MÉTHODE** pour comprendre et savoir faire

Le renvoi au *Guide parents* (corrigés et conseils)

Un jeu malin pour terminer le chapitre

Le smiley à entourer

SOMMAIRE

MOI EN CE1

FRANÇAIS

Orthographe

Grammaire

Conjugaison

Vocabulaire

MATHÉMATIQUES

Nombres et calculs

Espace et géométrie

Grandeurs et mesures

Problèmes

TEMPS • EMC • ESPACE

TEMPS

ENSEIGNEMENT MORAL ET CIVIQUE

ESPACE

SCIENCES

La matière

Le vivant

Les objets techniques

ANGLAIS

VERS LE CE2

Quatre règles pour bien apprendre

Ton cerveau est comme une **grande forêt** dans laquelle tout ce que tu apprends forme des chemins.
À chaque fois que tu apprends quelque chose, un **nouveau chemin** se dessine. Ces chemins se tracent **tout au long de la vie**.

Complète les «activités» que tu sais faire avec la bonne lettre.

Pour que les chemins se dessinent correctement dans ton cerveau et ne s'effacent pas, il faut :

1 **que tu refasses et répètes plusieurs fois les mêmes choses;**

2 **que tu acceptes de te tromper et de recommencer;**

3 **que tu dormes bien et suffisamment longtemps;**

4 **que tu manges équilibré.**

Comment te concentrer ?

Il est important que tu sois concentré(e) pour apprendre.
Voici ce que tu peux faire pour bien te concentrer.

1 Prends conscience de ta météo intérieure.

Demande-toi quel temps il fait à l'intérieur de toi et écris-le dans un tableau.
Tu peux imaginer ce que sera ta météo intérieure en fonction de ce qui est prévu dans ta journée (contrôle de grammaire, anniversaire, séance de piscine...) et l'écrire dans la case «prévisions».
Tu pourras ensuite comparer tes prévisions avec la météo que tu as réellement ressentie.
Grand soleil? pluie fine? vent fort? vent faible? nuage?...

	lundi	mardi	mercredi	jeudi	vendredi	samedi	dimanche
Prévisions							
Matin							
Après-midi							

2 Construis un mandala.

Rassemble des petits éléments d'un jeu de construction (légos, cubes, pions...) ou des éléments trouvés dans la nature (branches, cailloux...) et assemble-les pour former des figures géométriques à l'intérieur d'un cercle.

3 Retrouve des petits objets cachés.

- Regroupe 10 objets incassables (jouets, ustensiles de cuisine...) puis écris la liste de ces objets.
- Cache-les dans ta chambre dans l'ordre de la liste.
- Allonge-toi le temps de 10 respirations (mets ta main sur ton ventre pour sentir les 10 «va et vient» de ton ventre).
- Retrouve les objets dans l'ordre où tu les as écrits sur la liste.

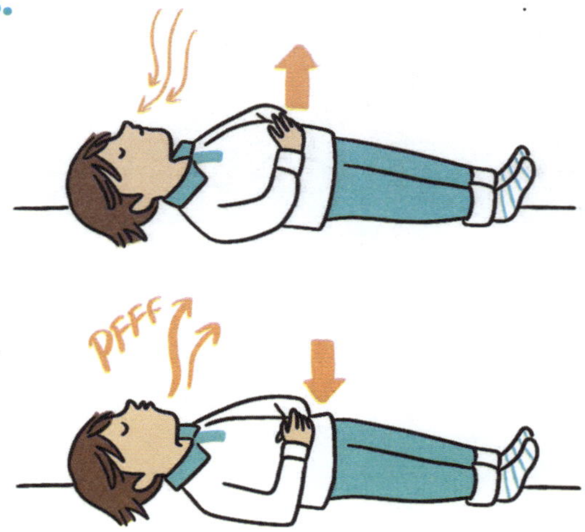

4 Fais des exercices de respiration.

Le serpent

- Assieds-toi en tailleur par terre en prenant soin d'avoir ton dos bien droit.

- Ferme la bouche et inspire de l'air avec ton nez en comptant jusqu'à 4 dans ta tête.

- Laisse doucement partir l'air par ta bouche en faisant un bruit de serpent. Ton sifflement doit durer le plus longtemps possible.

5 Recopie ton prénom et ton nom de famille à l'envers.

Ton prénom ....

....

Ton nom ....

....

Jouer et apprendre

Sais-tu que les jeux sont un très bon moyen d'apprendre? Alors, à toi de jouer!

1 Apprends les tables de 2 et de 3 en jouant.

Le jeu de l'escargot

- Chacun à leur tour, les joueurs lancent le dé et avancent leur pion d'autant de cases qu'il y a de points sur le dé.
- Ils doivent trouver le résultat de la multiplication écrite dans la case.
- Les joueurs rejouent tant qu'ils trouvent le bon résultat.
- Le joueur qui arrive le 1er au centre a gagné!

2 Apprends à lire en jouant.

Le mémory (seul ou à 2)

hi	sin	sou	ris
bou	ge	cha	meau
tor	mou	co	mo
tue	ton	chon	to
ba	teau	bre	bis

- Dispose, face écrite cachée, toutes les cartes sur une table.
- Chacun à leur tour, chaque joueur retourne 2 cartes en même temps.
S'il peut fabriquer un mot avec les 2 syllabes il les gagne, sinon il les repose.
- La partie est terminée lorsqu'un joueur a constitué 5 mots.

FRANÇAIS

→ Des exercices interactifs
et des dictées audio sur
www.hatier-entrainement.com

	Date	Évaluation

Orthographe

Grammaire

Conjugaison

Vocabulaire

1 Écrire le son (s)

Pour commencer

Répète très vite :
Un chasseur sachant chasser sans son chien.
Quel son domine ?

J'apprends

- Si j'entends le son (s), je peux écrire :

– s surtout en début de mot : la salade 

– ss entre deux voyelles : un poisson 

– c devant **e** ou **i** : la limace , le cirque 

– ç devant **a**, **o**, **u** : un Français , un garçon 

Je comprends comment faire

▶ Pour orthographier les mots avec s

- Je regarde si le s est situé entre deux voyelles ou non.

coussin
voyelle + ss + voyelle = (s) 

fraise
voyelle + s + voyelle = (z) 

- Je n'oublie pas de mettre une cédille au c devant **a**, **o**, **u**, dans certains cas pour éviter qu'il ne devienne (k).

ç →	sa	façade	c →	ka	canard
	so/son/soi	garçon		ko	coq
	su	déçu		ku	cuisine

INFO PARENTS

Demandez à votre enfant d'inventer des phrases où il se trompe souvent d'une lettre.
Exemple : *Il habite un chapeau* et non un château, *sur lequel il y a un crapaud* et non un drapeau.

Je m'entraine

1 **QUIZ** **Coche Oui ou Non.**

a. Je nage et j'ai des écailles, je suis un poison. ☐ Oui ☐ Non
b. Je suis souvent en plumes, je suis un cousin. ☐ Oui ☐ Non
c. À la fin du repas, tu manges un désert. ☐ Oui ☐ Non
d. On pêche à marée base. ☐ Oui ☐ Non

2 **Souligne les mots où tu entends le son (s).**

a. Thomas aime faire des farces.
b. Ce dragon est gentil, il ne prend jamais son air effrayant.
c. Il était une fois un petit garçon très désobéissant qui eut bien des ennuis.

3 **Complète avec les lettres qui manquent.**

Les jours ont pa.........é, les nuits ont pa.........é, le ....iel est devenu ....ombre, il a plu, il a fait froid, et un jour, la neige est tombée…
Tombée du ....iel, tout dou.........ement, sur la route, sur les barrières sur les maisons, sur les arbres.

« La coopération », G. Zryd, *in* Isabelle Jaccard, *Le Bois charmant*.

jeu malin

Charade et devinette

a. Tu transportes du sable à la plage dans mon premier. Mon second est un outil qui sert à couper du bois. Mon troisième est un bruit. Mon tout s'achète chez le charcutier. **Je suis le** ....

b. Mon premier précède un nom masculin singulier. Mon second est une forme conjuguée du verbe être. Je dois apprendre mon tout par cœur.
Ce sont mes ....

Bravo, tu as terminé ! Entoure ton smiley.

Corrigés page 20 du *Guide parents*

2 Écrire le son (in) et le son (o)

Pour commencer

lapin rime avec *chagrin*, *bateau* rime avec .... ?

Orthographe

J'apprends

• J'entends (in), je peux écrire :

in	un lapin 
in devient im devant **b ou p**	un timbre  , une imprimante 
ain	du pain 
ein	la peinture 

• J'entends (o), je peux écrire :

o	un piano 
au	un fauteuil 
eau	un oiseau 

Je comprends comment faire

▶ Pour orthographier les mots avec le son (o)

Le son (o) s'écrit eau toujours en fin de mots sauf pour crapaud, faux, noyau...

un chapeau, un château, un bateau,
un gâteau, un berceau

INFO PARENTS

Dites à votre enfant que certains mots : une auto, un automate, etc. ne commencent pas par un *o*.

Je m'entraine

1 ***QUIZ*** **Coche Vrai ou Faux.**

a. On écrit *eau* plutôt en fin de mot. ☐ Vrai ☐ Faux

b. Il y a au moins 3 façons d'écrire le son (in). ☐ Vrai ☐ Faux

c. On ne commence jamais un mot par *ein*. ☐ Vrai ☐ Faux

2 **Complète par *in* ou *im*.**

un d............don – s............ple – un chem............ – un coqu............ – ....poli – gr............per – ....bécile – un ....dien

3 **Souligne le son (in) puis classe les mots dans les colonnes.**

la fin — un grain — un matin — vilain — plein — il repeint

in	ein	ain
....	....	....
....	....	....

4 **Souligne les lettres qui font le son (o).**

une moto – le loto – une corde – un veau – une auto – une taupe – un poireau – un chameau – bravo – une rose.

jeu malin

Ces ballons ont été secoués par le vent, et les lettres se sont mélangées.
Retrouve les mots.

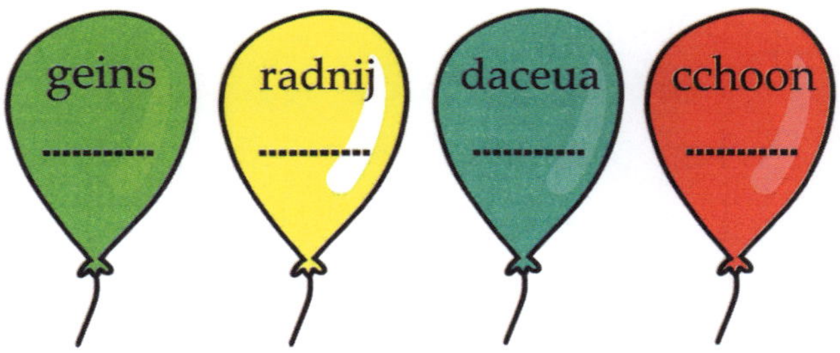

Bravo, tu as terminé ! Entoure ton smiley.

Corrigés page 20 du *Guide parents*

3 Écrire les sons ian, ien, ion, ain, ein, oin

Pour commencer

Quel nom d'animal peux-tu écrire avec les lettres du mot *loin* ?

J'apprends

- **Comment écrire les sons ian, ien, ion, ain, ein, oin ?**
- L'ordre des lettres est très important. **Attention à la place du i** :

– il est devant **an** dans le son ian et au milieu dans le son ain :

la viande

le pain

– il est devant **en** dans le son ien et au milieu dans le son ein :

le chien

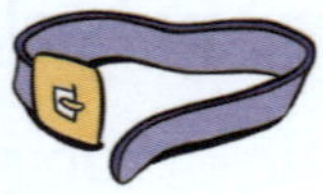

la ceinture

– il est devant **on** dans le son ion et au milieu dans le son oin :

le lion

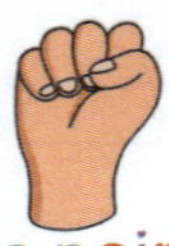

le poing

Je comprends comment faire

▶ Pour ne pas confondre l'ordre des lettres

- Dans les sons ian, ien, ion, j'entends le i d'abord, donc j'écris :

i an vi / ande

i en musici / en

i on cami / on

- Dans les sons ain, ein, oin, j'entends à la fin le son in, donc j'écris : demain, un peintre, loin.

INFO PARENTS

Parlez avec votre enfant comme un robot en détachant bien chaque son pour dire un *li-on* pour qu'il prenne bien conscience de la présence du *i* devant *on* ou *an*, etc.

Je m'entraine

1 QUIZ Coche Oui ou Non.

a. Il faut faire attention à la place de la lettre *i* pour distinguer les sons (oin) et (ion). ☐ Oui ☐ Non

b. Un martien est un petit bonhomme vert. ☐ Oui ☐ Non

c. Un point sert à jouer aux Dames. ☐ Oui ☐ Non

d. Un pion termine une phrase. ☐ Oui ☐ Non

2 Souligne les mots quand tu entends (ian) ou (ien).

a. Il est parti en riant. b. En dépliant sa serviette, il trouva un cadeau.
c. Nous avons un bon gardien de but. d. Les Indiens chassent avec des arcs.

3 Complète avec *ien* ou *ein*.

un électric.......... – r.......... – le t..........t – b.......... – un mécanic..........

4 Complète les mots de ces phrases.

Un Ind.......... lance son ch.......... sur la piste des chevaux. Soud.........., son ch.......... s'arrête. Il a senti de l.......... l'odeur des poul..........s sauvages qui jouent au milieu des tas de f........... L'ind.......... voudrait en attraper un et l'attacher par un l.......... pour le dompter et l'aider dans sa chasse aux bisons pour donner de la v..........de à sa tribu.

jeu malin

Devinettes

a. Je vole mais je suis en métal, **je suis un** ....
b. Je suis le petit de la jument, **je suis un** ....
c. Je suis le roi des animaux, **je suis un** ....
d. Je vends les médicaments, **je suis un** ....

Bravo, tu as terminé ! Entoure ton smiley. 😐 🙂 😀

Corrigés page 20 du *Guide parents*

4 Écrire les sons (ay), (oy), (uy)

Pour commencer
Dans ta trousse, tu as deux objets qui s'écrivent avec la lettre *y*. Lesquels ?

J'apprends

• On écrit :

un crayon

aboyer

appuyer

Le **y** vaut deux **i**.

crayon = crai + ion
aboyer = aboi + ier
appuyer = appui + ier

• **Attention** : quand la lettre **y** n'est pas devant une voyelle, elle se prononce (i).

un pyjama

un stylo

Je comprends comment faire

▶ **Pour orthographier les mots avec les sons (ay), (oy), (uy)**

(ay) ai + i   rayon = raiion

(oy) oi + i   noyau = noiiau

(uy) ui + i   ennuyeux = ennuiieux

2 branches = 2 i

Attention : raiion, noiiau et ennuiieux sont des mots mal orthographiés !

INFO PARENTS

Créez avec votre enfant un loto avec 3 cartes : une carte par son : «ay», «oy», «uy». Écrivez sur chaque carte 6 mots comportant ces sons. Faites-lui recopier chaque mot sur un petit carton et jouez au loto.

Je m'entraine

1 QUIZ Coche Vrai ou Faux.

a. Dans les sons ay, oy, uy, le *y* vaut deux *i*. ☐ Vrai ☐ Faux

b. Dans le mot *effrayant*, ay se prononce *ai* et *i*. ☐ Vrai ☐ Faux

c. Dans le mot *royaume*, oy se prononce *oi* et *i*. ☐ Vrai ☐ Faux

d. Le mot *écuyère* est le féminin du mot *cuiller*. ☐ Vrai ☐ Faux

2 Souligne les mots où tu vois *oy*.

nettoyer – mouiller – jouer – joyeux – employer – fouiller – stylo – loyer – ployer – un rayon – un tuyau

3 Souligne les mots où tu vois *ay*.

un crayon – un paysage – une écaille – un pyjama – balayer – bâiller – une rayure – un rail – payer

4 Complète les mots avec *ay*, *oy*, *uy*.

a. J'ai tout nett..................é.

b. Nous avons env..................é un paquet à ta sœur.

c. Il ne faut pas s'app..................er contre cette barrière.

d. Cette facture est à p..................er.

e. J'ai renv..................é le bon de commande.

jeu malin

Mots mêlés
Dans cette grille, retrouve les mots
ennuyer, joyeux, noyau, payer.

s	e	n	n	u	y	e	r
v	v	o	f	q	v	p	t
j	o	y	e	u	x	a	f
i	r	a	b	b	e	y	s
y	x	u	g	c	a	e	j
o	e	a	m	p	h	r	k

Bravo, tu as terminé ! Entoure ton smiley.

Corrigés page 20 du *Guide parents*

5 Écrire les sons aill, eill, euill, ouill

Pour commencer
Donne un mot qui rime avec *nouille*.

J'apprends

Le soleil brille.
J'aime bien les nouilles chinoises.
Le coureur a gagné une médaille.
Ce gâteau est un millefeuille.

- On écrit -**ail**, -**eil**, -**euil** à la fin d'un mot **masculin** :

un portail

un réveil

un fauteuil

- On écrit -**aille**, -**eille**, -**euille** à la fin d'un mot **féminin** :

une paille

une corbeille

une feuille

- On écrit -**aille**, -**eille**, -**ouille** à la fin de certains verbes conjugués au présent : je travaille, il cueille, ça mouille.

Je comprends comment faire

▶ **Pour savoir écrire les sons aill, eill, euill, ouill**

Je connais l'écriture du son ill comme dans une fille.
Quand j'entends a et ill, j'écris -**aill** : taille.
Quand j'entends è et ill, j'écris -**eill** : corbeille.
Quand j'entends eu et ill, j'écris -**euill** : feuillage.
Quand j'entends ou et ill, j'écris -**ouill** : nouille.

INFO PARENTS

Expliquez bien à votre enfant que ce sont les noms féminins, donc précédés de *la* ou *une*, qui redoublent le *l* devant le e final.

Je m'entraine

1 QUIZ Coche le bon mot.

a. Pour creuser un trou, j'utilise une ☐ paille. ☐ pelle.
b. Elle fait du miel, c'est une ☐ abeille. ☐ chenille.
c. Le train circule sur des ☐ rails. ☐ raies.
d. Je peux m'asseoir dessus, c'est un ☐ fauteuil. ☐ feuille.

2 Complète par *i* ou *oui*.

la van……lle – la fam……lle – la r……lle – la b……llie – le pap……llon

3 Classe ces mots dans les colonnes *masculin* et *féminin*.

épouvantail – caille – corbeille – bouteille – écureuil – travail

masculin *un – le*	féminin *une – la*
……	……
……	……

4 Écris les verbes sur le modèle suivant.

travailler → je travaille
réveiller → je ……
chatouiller → je ……
sommeiller → je ……
tailler → je ……
fouiller → je ……

jeu malin

Charades

a. Mon premier est un animal domestique. Mon deuxième signifie mélanger en cuisine et mon tout fait rire les enfants. **Je suis une** …….

b. Mon premier est la première syllabe du mot grelot. Mon deuxième est une sorte de pâtes que les enfants aiment bien en gratin. Mon tout est un animal, **lequel ?** ……

Bravo, tu as terminé ! Entoure ton smiley.

Corrigés page 20 du *Guide parents*

6 La phrase et la ponctuation

Pour commencer

Quelle est la différence entre une ligne et une phrase ?

J'apprends

- Une phrase commence par une **lettre majuscule** et se termine par un **point**. La phrase est un ensemble de mots qui a un sens.

  Un dromadaire traversait la grande place.

- Quand on pose une question, on termine la phrase interrogative par un **point d'interrogation** (?).

  Pourquoi pleures-tu petit chat?

- Quand on exprime un sentiment (colère, joie, chagrin, etc.), on termine la phrase exclamative par un **point d'exclamation** (!).

  Que vous avez de grandes dents Mère-Grand!

- Quand des personnages parlent, on utilise une ponctuation particulière : les **deux-points**, les **guillemets** et des **tirets**.

  Le président dit :
  – « Que faites-vous sur le toit du palais ? »

Je comprends comment faire

▶ Pour utiliser la ponctuation quand je lis

Quand **je lis**, je ne dois pas lire ligne par ligne mais **phrase par phrase**.

Quand la phrase est très longue, je reprends mon souffle sur les virgules. Je m'arrête au point.

« À l'école, on a des livres sur les animaux et je suis impatiente de les voir pour de vrai : les zèbres, les girafes, les lions, les singes, les flamants roses... J'ai hâte d'être au zoo! »

Clara va au zoo, Hélène Oldendorf, Julie Martin.

INFO PARENTS

Montrez à votre enfant que la voix monte quand on pose une question. *Viendras-tu demain?* ↗
Quand la phrase est exclamative la voix monte puis descend. *Que* ↗ *tu es jolie !* ↘

Je m'entraine

1 QUIZ Lis le texte de l'exercice 2, puis coche la bonne réponse.

a. Dans ce texte, combien de phrases comptes-tu ?

☐ 4 phrases ☐ 5 phrases ☐ 6 phrases

b. Combien de phrases interrogatives comptes-tu ?

☐ 2 phrases ☐ 3 phrases ☐ 4 phrases

c. Combien de phrases exclamatives comptes-tu ?

☐ 1 phrase ☐ 2 phrases ☐ 3 phrases

2 Souligne les phrases interrogatives en bleu et les phrases exclamatives en rouge. Entraine-toi à lire ce texte à voix haute.

– Père Ulu, chuchota Fred, vous m'entendez ?

Le vieux hibou, qui s'appelait Ulu, ne voulait rien entendre.

– Père Ulu, père Ulu ! Écoutez-moi, j'ai besoin de vous parler !

– Qu'y a-t-il donc de si pressé ? Ne sais-tu pas que le soleil est levé et que les êtres raisonnables se couchent et dorment ?

Fred le nain et Maho le géant, Rémi Laureillard.

3 Complète ces phrases exclamatives avec : que – comme – quel – jamais.

a. .... nous n'avons tant ri !

b. .... tu es jolie aujourd'hui !

c. .... la nuit est douce !

d. .... gentil garçon !

jeu malin

Les morceaux de phrases ont été mélangés par la sorcière.
Retrouve les 3 phrases.

a. ....

b. ....

c. ....

La sorcière | ? | sa formule magique | a-t-elle oublié | trop grande | ! | qu'elle a fabriquée | est beaucoup | La fleur | et le balai | sont cassés | . | de la sorcière | Le chapeau

Bravo, tu as terminé ! **Entoure ton smiley.**

Corrigés page 20 du *Guide parents*

7 Le nom et le groupe nominal

Pour commencer
On reconnait un nom propre à sa majuscule : oui ou non ?

Grammaire

J'apprends

• Les noms de famille, les prénoms, les noms de pays ou de villes sont des **noms propres**. Ils commencent par une majuscule.

Monsieur Jean-Luc (prénom) Durand (nom de famille) habite en France (pays), à Paris (ville).

• Quand on désigne une personne, un animal ou une chose, le mot qu'on utilise est un **nom commun**.

un enfant — un singe — une chaise

• Devant le nom commun, on utilise un petit mot : **un**, **une**, **le**, **la**, **les**, **mon**, **ce**. C'est un **déterminant**.

Le déterminant et le nom forment un **groupe nominal** qu'on écrit souvent **GN**.

Mon poney (GN (déterminant + nom commun)) s'appelle Caramel (nom propre).

Je comprends comment faire

▶ Pour reconnaitre un nom

Tout a un nom, les personnes, les animaux, les lieux, les objets.

Pense que si tu mettais des étiquettes autour de toi, les mots que tu écrirais dessus seraient des noms propres ou des groupes nominaux.

INFO PARENTS
Faites faire des listes à vos enfants : liste des courses, liste du matériel scolaire... Cela lui permettra d'employer une majorité de groupes nominaux.

Je m'entraine

1 QUIZ Coche le mot qui est un nom commun.

a. ☐ sapin ☐ fêter
b. ☐ nager ☐ poisson
c. ☐ fille ☐ s'amuser
d. ☐ armoire ☐ grande

2 Souligne les noms propres.

«Où vas-tu papa?» demande Louise.

«Dans la salle de bains», répond Monsieur Sourire.

«Pourquoi emportes-tu ton diner?» demande Max.

«Je voudrais prendre mon repas tranquille, dit Monsieur Sourire, tant que la salle de bains est encore libre!»

3 Écris les noms communs suivants dans la bonne liste : un four, un lit, un oreiller, des couverts, une couette, des assiettes.

a. Dans la cuisine il y a ....

b. Dans une chambre il y a ....

4 Relie les noms propres aux noms communs.

Philomène •	• un garçon
Léo •	• une fille
la France •	• un fleuve
la Seine •	• un pays

jeu malin

Devinettes

a. Je rampe et je peux être venimeux. **Qui suis-je?** ....

b. Je suis un animal des bois à la fourrure rousse et je suis rusé. **Qui suis-je?**
....

c. J'ai deux roues et des pédales? **Qui suis-je?** ....

Bravo, tu as terminé ! Entoure ton smiley.

Corrigés page 21 du *Guide parents*

8 L'adjectif qualificatif

Pour commencer

Dans la phrase « J'ai un nouveau vélo rouge », quels sont les deux adjectifs ?

J'apprends

- Quand on dit comment est le nom, le mot qu'on utilise est un adjectif qualificatif.

un enfant joyeux

un singe gris

une chaise bleue

- L'adjectif qualificatif fait partie du groupe nominal.

  Mon chat noir (GN) s'appelle Polochon.

- L'adjectif qualificatif peut se placer :

– entre le déterminant et le nom commun : la (D) petite (adj.) fille (nom) ;

– après le déterminant et le nom commun : une (D) robe (nom) rouge (adj.).

Je comprends comment faire

▶ Pour utiliser les adjectifs qualificatifs

Avec l'adjectif qualificatif, le groupe nominal s'agrandit.

un chien → un petit chien → un petit chien blanc → un petit chien blanc et gris

INFO PARENTS

Jouez avec votre enfant au texte « boule de neige » en augmentant progressivement le GN.
Tu es gentil, drôle, etc. ou *C'est l'histoire d'un ogre, géant, très méchant...*

Je m'entraine

* **1** QUIZ Antoine est un bon conducteur d'autobus. **Coche l'adjectif qualificatif de cette phrase.**

a. Antoine ☐ Oui ☐ Non
b. est ☐ Oui ☐ Non
c. bon ☐ Oui ☐ Non
d. conducteur d'autobus ☐ Oui ☐ Non

* **2 Souligne les adjectifs de couleur.**

une souris grise – un chien blanc – un oiseau bleu – un canard vert – un cheval roux – un poisson rouge

* **3 Complète le groupe nominal sous chaque dessin avec un des adjectifs suivants :** triste contente gros petit pointu

un lit ....

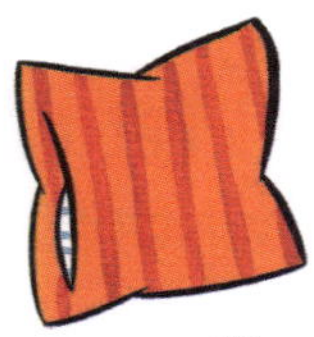

un oreiller ....

un garçon ....

un chapeau ....

une fille ....

* **4 Souligne les adjectifs qualificatifs qui complètent «un petit garçon».**

maison – malin – chante – gourmand – rapide – meuble – beau – histoire – mignon – coquin – mais – pingouin

jeu malin

Charades

a. Mon premier est un métal précieux, mon deuxième est un habitant des cieux, mon tout est un fruit juteux. **Qui suis-je?** ....

b. Mon premier est le contraire de maigre, mon deuxième est élu à la mairie, mon tout aide à bien écrire les mots. **Qui suis-je?** ....

Bravo, tu as terminé ! Entoure ton smiley. 😐 🙂 😀

Corrigés page 21 du *Guide parents*

9 Masculin, féminin

Pour commencer

On dit *un pétale* ou *une pétale* ?

J'apprends

- Le nom a un **genre masculin** ou **féminin**.

– Si un nom propre désigne un homme, un garçon ou un mâle, il est masculin.

Pierre est un garçon.
nom propre masculin

Rex est un chien-loup.
nom propre d'un mâle

– Si un nom propre désigne une femme, une fille ou une femelle, il est féminin.

Sophie est une fille.
nom propre féminin

Mika est une chatte angora.
nom propre d'une femelle

- Quand le nom est masculin, on peut mettre **un** ou **le** devant.

un garçon → le garçon

- Quand le nom est féminin, on peut dire **une** ou **la** devant.

une fille → la fille

Je comprends comment faire

▶ Pour savoir si un nom est masculin ou féminin

Le dictionnaire t'indique si un nom est masculin ou féminin.

pétale n.m. Chacun des éléments qui composent la corolle d'une fleur. *Les pétales des coquelicots sont rouges.*
● Nom du genre masculin : un pétale.
→ planche pp. 460-461.

Dictionnaire Larousse Junior

INFO PARENTS

Montrez bien à votre enfant que c'est le dictionnaire qui indique le genre d'un mot quand il écrit, et que le déterminant lui donne le genre du mot quand il lit.

Je m'entraine

1 QUIZ **Coche si ces mots sont masculins (M) ou féminins (F).**

a. pluie ☐ M ☐ F
c. cerisier ☐ M ☐ F
e. chaleur ☐ M ☐ F
b. poire ☐ M ☐ F
d. rivière ☐ M ☐ F
f. mer ☐ M ☐ F

2 Souligne les noms féminins.

Il y avait un jour, une toute petite, petite bonne femme qui avait une toute petite, petite poule. Et la toute petite, petite bonne femme se demandait ce qu'elle allait pouvoir faire pour son déjeuner. Elle se dit : « Je vais me préparer une toute, toute petite omelette. » Elle alla voir dans le nid de sa toute petite, petite poule et justement elle trouva un tout petit, petit œuf.

D'après *Heures enchantées*, Mathilde Leriche.

3 Écris entre parenthèses si le nom est masculin (m) ou féminin (f).

l'animal (.........) – l'abricot (.........) – l'oiseau (.........) – l'année (.........) – l'auto (.........)

4 Donne le féminin de ces noms de métier.

a. un gardien / une ....
c. un maitre / une ....
b. un boucher / une ....
d. un acteur / une ....

jeu malin

Écris le nom des personnages de ce jeu de 3 familles.

....

....

Bravo, tu as terminé ! Entoure ton smiley. 😐 🙂 😀

Corrigés page 21 du *Guide parents*

10 Singulier et pluriel des noms

Pour commencer

Dans *pluriel*, reconnais-tu *plus* ou *plusieurs* ?

Grammaire

J'apprends

- Un nom est au **singulier** quand il désigne une seule personne, un seul animal ou une seule chose.

  un magicien un lapin un chapeau

- Un nom est au **pluriel** quand il désigne plusieurs personnes, plusieurs animaux ou plusieurs choses. On entend rarement la marque du pluriel mais on la voit car on ajoute un s à la fin des noms et un x quand les noms se terminent par **eau** ou **eu**.

  des magiciens les lapins des chapeaux les feux

- Attention : certains mots en -**al** font leur pluriel en -**aux**.

  des chevaux des bocaux

- Les déterminants prennent eux aussi la marque du pluriel.

  un, une → des le, la, l' → les

Je comprends comment faire

▶ Pour écrire les groupes nominaux au pluriel

- Quand il y a **les**, **des**, **mes**, **ces** devant un nom je mets un s à la fin de ce nom.

  un enfant → des enfants

  la fée → les fées

  mon stylo → mes stylos

  cet élève → ces élèves

- Les noms qui se terminent par **x**, **s**, **z** ne changent pas au pluriel.

  une noix, des noix un bois, des bois un nez, des nez

INFO PARENTS

Amusez-vous avec votre enfant à prononcer «*sss*» pour qu'il pense à mettre un *s* quand le GN est au pluriel.

Je m'entraine

1 QUIZ Coche Oui ou Non.

a. Si le mot *crayons* s'écrit avec un *s*, c'est qu'on parle de plusieurs crayons. ☐ Oui ☐ Non

b. Si le mot *paix* s'écrit avec un *x*, c'est qu'on parle nécessairement de plusieurs paix. ☐ Oui ☐ Non

c. Si je mets un *x* à la fin du mot *château* dans le GN *des châteaux*, c'est correct. ☐ Oui ☐ Non

d. Au singulier, certains mots se terminent par un *s*. ☐ Oui ☐ Non

2 Écris au pluriel.

a. un boa ……………………

b. un oiseau ……………………

c. un rat ……………………

d. un moineau ……………………

e. un piano ……………………

f. un feu ……………………

3 Ajoute un *s* si nécessaire.

a. des os……

b. des croix……

c. des poulain……

d. des jouet……

e. des nuage……

f. des fois……

jeu malin

Imagine que tu n'as le droit d'utiliser que 3 fois la lettre ***x*** pour sortir vainqueur de cette épreuve. **À quels mots l'accrocheras-tu ?**

Pour affronter ce dragon, tu dois prendre des pieu…… et des épée…….

N'oublie pas de seller deux chevau…… et de les cacher dans des buisson…….

Tu diras des formule…… magique…… puis tu suivras un sentier bordé d'arbuste……. Tu verras deux petit…… bateau…… pour franchir la rivière.

Ne te trompe pas, choisis le bon, sinon tu te noieras.

Bravo, tu as terminé ! Entoure ton smiley.

Corrigés page 21 du *Guide parents*

11 Les pronoms *il, elle, ils, elles*

Pour commencer

Pro veut dire « à la place de ». Que signifie *pronom* ?

J'apprends

- Le pronom **il** remplace un nom masculin singulier. Le pronom **ils** remplace un nom masculin pluriel.

  L'ours aime le miel. Il aime aussi les fruits.

  Les ours aiment le miel. Ils aiment aussi les fruits.

- Le pronom **elle** remplace un nom féminin singulier. Le pronom **elles** remplace un nom féminin pluriel.

  La chouette vit la nuit. Elle chasse les souris.

  Les chouettes vivent la nuit. Elles chassent les souris.

- Les pronoms **il**, **elle**, **ils**, **elles** évitent de se répéter.

  La lune brille ce soir. Elle se reflète sur l'étang.

Je comprends comment faire

▶ Pour utiliser les pronoms il, ils, elle, elles

Léo joue au ballon.
↪ Il joue au ballon.

Emma joue au ballon.
↪ Elle joue au ballon.

Léo et Max jouent au ballon.
↪ Ils jouent au ballon.

Emma et Marie jouent au ballon.
↪ Elles jouent au ballon.

INFO PARENTS

Si votre enfant a tendance à dire : « Machin y fait des bêtises, Machine y dit des gros mots, etc. » demandez-lui de bien distinguer *il* ou *elle* et dites-lui qu'il peut dire simplement : *Emma dit des gros mots, elle exagère.*

Je m'entraine

1 QUIZ Coche la bonne réponse.

a. Le renard rôde auprès du poulailler. Il aimerait bien croquer une poule.
Le pronom *il* représente : ☒ le renard. ☐ le poulailler.

b. Les trois petits cochons n'ont pas peur du loup. Ils dansent dans le bois.
Le pronom *ils* représente : ☒ les cochons. ☐ le loup.

c. La chèvre de Monsieur Seguin est partie dans la montagne. Elle gambade dans les fleurs.
Le pronom *elle* représente : ☐ la montagne. ☒ la chèvre.

d. Les princesses ont de jolies robes. Elles adorent aller au bal.
Le pronom *elles* représente : ☒ les princesses. ☐ les robes.

2 Évite les répétitions. Utilise des pronoms.

Il était une fois une dame qui s'appelait Daphnée. ~~Daphnée~~ parlait aux fleurs. Un beau jour, Daphnée examina son troène et soupira. Le troène avait tellement grandi que le troène menaçait d'étouffer les fleurs du jardin. Daphnée décida de faire quelque chose avant que le troène ne l'étouffe elle aussi.
«Je vais tailler un bel oiseau dans ce troène envahissant», dit Daphnée.

3 Réécris cette phrase en commençant par *Les chiens*.

Le chien mange de la viande. Il chasse les petits animaux.

....

jeu malin

Écris dans le bon panier les fruits et légumes suivants : *les poireaux, la pêche, les salades, le potiron, les abricots, les framboises, la poire, le concombre.*

Bravo, tu as terminé ! Entoure ton smiley.

Corrigés page 21 du *Guide parents*

12 Le verbe

Pour commencer

Je mange des gâteaux, je mangerai des gâteaux.
Quel mot change ? Comment s'appelle-t-il ?

J'apprends

- Les mots qui disent ce qu'on fait, ou ce qu'on est sont des **verbes**.

Marine est une petite fille rousse.

Marine saute à la corde.

- **Les verbes** prennent plusieurs formes. On dit qu'ils **se conjuguent**. En se conjuguant, les verbes changent de terminaison.

  Je ne chante pas. Nous ne chantons pas.

- Pour trouver un verbe dans le dictionnaire, on cherche son **infinitif**.

  Le merle siffle. verbe → siffler
  (siffle : verbe)

Je comprends comment faire

▶ Pour reconnaitre un verbe

- Je peux dire :

  Tout à l'heure, Kevin jouait aux billes.
  Maintenant, Kevin joue aux billes.
  Plus tard, Kevin jouera aux billes.

Quand je parle d'**avant**, de **maintenant** ou d'**après**, le verbe change :
jouait, joue, jouera.

INFO PARENTS

Rappelez à votre enfant que seul le verbe se conjugue. Il ne peut pas dire *je maison, tu maison...*

Je m'entraine

1 QUIZ Coche Vrai ou Faux.

a. Le verbe change de forme au présent et au passé. ☐ Vrai ☐ Faux

b. Je peux mettre *un*, *une*, *des* devant le verbe. ☐ Vrai ☐ Faux

c. Je peux conjuguer un verbe. ☐ Vrai ☐ Faux

d. Je peux entourer un verbe avec *ne... pas*. ☐ Vrai ☐ Faux

2 Souligne les verbes.

a. Le chien aime les os.

b. Le chat miaule.

c. Le lion rugit.

d. Les enfants jouent.

e. Le bébé sourit.

3 Relie chaque infinitif avec le verbe qui convient.

tu chantes •	• courir
il court •	• chanter
nous jouons •	• rire
je ris •	• jouer

4 Écris sous chaque dessin ce que fait le personnage. Emploie *il* et le verbe qui convient.

....

....

....

....

....

jeu malin

Mots croisés

1. vertical : attacher avec une agrafeuse
2. horizontal : pousser des hurlements pour un lion
3. horizontal : transformer en fil
4. horizontal : barrer un mot

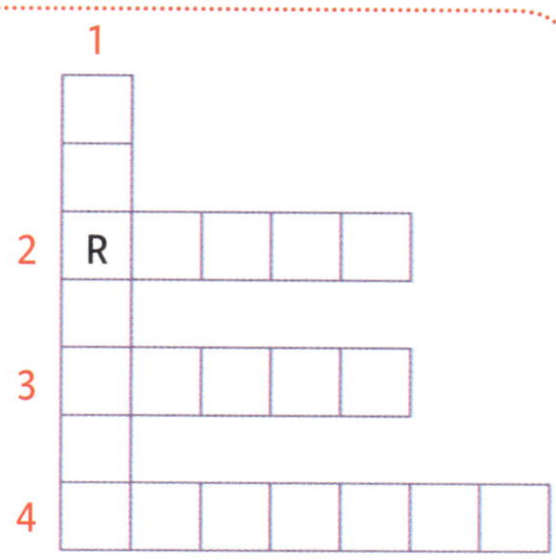

Bravo, tu as terminé ! Entoure ton smiley.

Corrigés page 21 du *Guide parents*

13 Les accords dans le groupe nominal

Pour commencer
Un martien choisit un pantalon vert et sa veste sera ... .

J'apprends

- Quand le nom est masculin singulier, le déterminant et l'adjectif sont au **masculin singulier**.

  un petit garçon

- Quand le nom est masculin pluriel, le déterminant et l'adjectif sont au **masculin pluriel** et se terminent presque toujours par un s.

  des petits garçons

- Quand le nom est féminin singulier, le déterminant et l'adjectif sont au **féminin singulier**, l'adjectif prend un e :

  une petite fille

- Quand le nom est féminin pluriel, le déterminant et l'adjectif sont au **féminin pluriel**. L'adjectif se termine par es :

  des petites filles

Je comprends comment faire

▶ Pour accorder déterminant, nom et adjectif

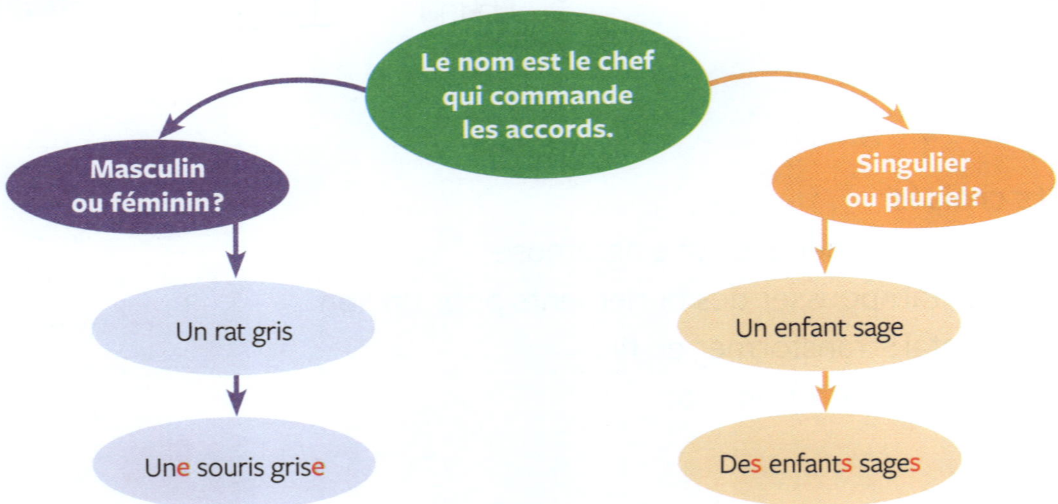

INFO PARENTS

Demandez à votre enfant de faire la liste du contenu de son cartable. Rappelez-lui qu'il ne doit pas oublier le e du féminin, le s du pluriel, etc. : *une gomme blanche, des crayons de couleur...*

Je m'entraine

1 QUIZ Coche la bonne réponse pour chaque proposition.

a. ☐ des enfants sages ☐ des enfants sage

b. ☐ une voiture colorée ☐ une voiture coloré

c. ☐ des vêtements propres ☐ des vêtement propres

d. ☐ une grande armoire ☐ une grand armoire

e. ☐ des long cheveux ☐ des longs cheveux

2 Relie chaque groupe nominal à son adjectif.

une fille •	• poli
des filles •	• noirs
un garçon •	• charmantes
des jouets •	• neuf
un jouet •	• froids
des chiens •	• jolie
des pays •	• neufs

jeu malin

Collecte les lettres pour obtenir des adjectifs de couleur.

1. .... 2. .... 3. .... 4. .... 5. ....

Bravo, tu as terminé ! Entoure ton smiley.

Corrigés page 21 du *Guide parents*

Grammaire

14 Le sujet et le verbe

Pour commencer

Dans la phrase « Les poissons nagent », pourquoi le verbe *nagent* se termine-t-il par *-ent* ?

J'apprends

- **Une phrase est composée au moins de deux groupes :** le groupe sujet (GS) et le groupe verbal (GV).

  Mia aime les bonbons.
  (Mia : GS ; aime les bonbons : GV)

- **Le sujet est le plus souvent placé devant le verbe.** Il désigne celui qui fait l'action.

  Le renard construit son terrier.
  (Le renard : GS ; construit : verbe)

- Pour trouver le sujet du verbe, j'emploie la formule **c'est** ... **qui**.

  Le gardien de but arrête le ballon.
  C'est le gardien de but qui arrête le ballon.

Je comprends comment faire

▶ Pour accorder le sujet et le verbe

Les limaces bav... tout le temps : à la fin de **bav...**, j'écris **e** ? **es** ? **ent** ?

- Je suis les trois étapes du chercheur d'accord sujet verbe.

– **Étape 1 :** je cherche le verbe. **Bave** est-il un nom ou un verbe ?

Hier les limaces bavaient tout le temps. Demain les limaces baveront tout le temps.
bave = verbe **baver**

– **Étape 2 :** je cherche le sujet chef du verbe.

Ce sont les limaces qui bavent tout le temps.
limaces = sujet

– **Étape 3 :** le sujet est-il singulier ou pluriel ?
Les limaces est sujet, au pluriel : donc à la fin de **bav...**, on écrit **ent**.

Les limaces bavent tout le temps.

INFO PARENTS

Dites à votre enfant que le sujet est le chef du verbe. C'est lui qui commande l'accord en personne (*je chante*/*nous chantons*) et au singulier ou au pluriel (*il chante*/*ils chantent*).

Je m'entraine

1 QUIZ Coche la bonne réponse pour bien écrire ces phrases.

a. Les enfants ☐ chante à la chorale. ☐ chantent à la chorale.
b. Les voitures ☐ roule trop vite. ☐ roulent trop vite.
c. Max ☐ monte à l'échelle. ☐ montent à l'échelle.
d. Les parents ☐ regarde trop leurs textos. ☐ regardent trop leurs textos.

2 Relie chaque groupe sujet à son groupe verbal.

Les esquimaux •	• chasse la nuit.
Le hibou •	• sortent de leur coquille.
La mouette •	• habitent dans un iglou.
Les poussins •	• se nourrit de poisson.

3 Recopie ces groupes verbaux après le bon groupe sujet :

a fait ses griffes sur le canapé. vend des fleurs. suce son pouce.

a. Mon chat ....
b. Le fleuriste ....
c. Le bébé ....

jeu malin

a. Souligne en rouge la phrase où il y a le verbe *être*.
b. Souligne en bleu la phrase dont le sujet est *tu*.
c. Souligne en vert la phrase dont le sujet est *le vent*.
d. Souligne en noir la phrase qui n'a pas de verbe.

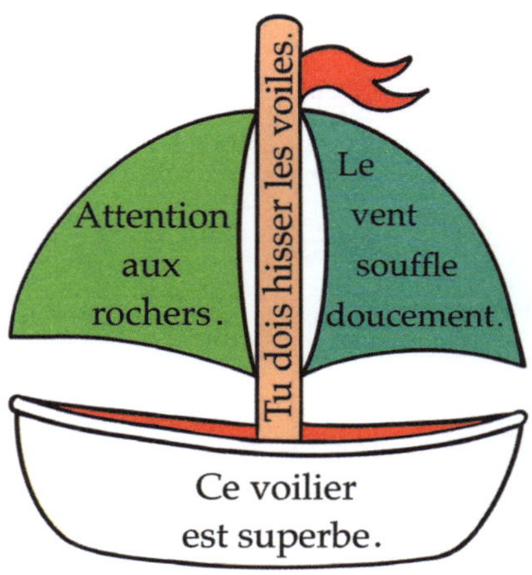

Bravo, tu as terminé ! **Entoure ton smiley.**

Corrigés page 22 du *Guide parents*

15 Passé, présent, futur

Pour commencer

Avant-hier s'emploie pour un évènement du passé ou du présent ? *Après-demain* est-il utilisé pour du futur ou du présent ?

J'apprends

- Ce qui se passe en ce moment est au **présent**.

  Que fais-tu en ce moment ?
  En ce moment, je travaille.

- Ce qui s'est passé avant le moment présent est du **passé**.

  Où étais-tu hier au soir ?
  Hier, j'étais à la piscine.

- Ce qui se passera après le moment présent est du **futur**.

  Que feras-tu demain soir ?
  Demain, j'irai au cinéma.

- Le verbe change de forme quand on parle au présent, au passé ou au futur.

  Hier, j'ai mangé des pommes.
  Aujourd'hui, je mange des pommes.
  Demain, je mangerai des pommes.

Je comprends comment faire

▶ Pour reconnaitre le passé, le présent et le futur

Il y a des petits mots ou des expressions qui marquent le passé, le présent et le futur. Je les apprends.

passé	présent	futur
hier	maintenant	plus tard
autrefois	aujourd'hui	demain
l'année dernière	cette année	l'année prochaine
il y a deux jours	actuellement	dans deux jours

INFO PARENTS

Inscrivez sur un calendrier les événements de la semaine de votre enfant et parlez avec lui de ce qu'il a fait, de ce qu'il fera pour l'aider à se repérer dans le temps.

Je m'entraine

1 QUIZ Coche la bonne case. **Pr** = présent **F** = futur **P** = passé

a. Nous avons trois petits chats à la maison. ☐ Pr ☐ F ☐ P

b. L'année prochaine, vous serez au CE2. ☐ Pr ☐ F ☐ P

c. Mathéo a passé ses vacances en Islande. ☐ Pr ☐ F ☐ P

d. À sa naissance, Joshua avait le crâne pointu. ☐ Pr ☐ F ☐ P

2 Souligne les phrases au présent.

a. Aujourd'hui, je ne suis pas à l'école.

b. Demain, je serai en vacances.

c. Hier, j'ai perdu ma bague.

d. Maintenant, il fait nuit.

3 Souligne les phrases au futur.

a. Le mois dernier, j'ai eu la varicelle.

b. Demain, j'aurai huit ans.

c. Le mois prochain, nous déménagerons.

d. Aujourd'hui, le ciel est gris.

4 Complète par *aujourd'hui*, *hier* ou *demain*.

a. .... nous irons à la pêche.

b. .... Marie a vu un fantôme.

c. .... Sophie a été malade.

d. .... elle retournera à l'école.

jeu malin

Déchiffre ce message codé.

a = @	o = *	e = #	i= ¨	u = +

T+ r#nc*ntr#r@s l@ s*rc¨#r# R@t@p*¨l s*+s l# pr#@+ d# t*n #c*l# #t t+ l+¨ d#m@nd#r@s l@ r#c#tt# d# l@ s@g#ss#.

....

....

....

Bravo, tu as terminé ! Entoure ton smiley.

Corrigés page 22 du *Guide parents*

16 Le présent de *être* et *avoir*

Pour commencer
À combien de personnes conjugue-t-on un verbe ?

J'apprends

- Il faut apprendre par cœur la conjugaison des verbes **être** et **avoir**.

		être	avoir
singulier	1re personne 2e personne 3e personne	je suis tu es il/elle est	j'ai tu as il/elle a
pluriel	1re personne 2e personne 3e personne	nous sommes vous êtes ils/elles sont	nous avons vous avez ils/elles ont

Je comprends comment faire

▶ Pour ne pas confondre les formes qui se prononcent pareil mais qui ne s'écrivent pas pareil

⚠ Attention à **es / est**

J'entends (é) : Tu (é) malin. Cet élève (é) malin.
Je vois : Tu **es** malin. Cet élève **est** malin.
→ (é) s'écrit **es** ou **est**.

- J'apprends que le pronom **tu** ne sort jamais sans son **s** donc j'écris : tu es malin.

Le pronom **il** ou **elle** aime bien souvent commander la lettre **t**.
Il est malin.

⚠ Attention à **as / a**

J'entends (a) : Tu (a) un beau vélo. Elle (a) un beau vélo.
Je vois : Tu **as** un beau vélo. Elle **a** un beau vélo.
→ (a) s'écrit **a** ou **as**

Pourquoi? Je me souviens que le pronom **tu** ne sort jamais sans son **s**, donc j'écris : tu as un beau vélo.

Après les pronoms **il** ou **elle**, il n'y a aucune lettre après **a**.

INFO PARENTS

Jouez avec un dé pour lui apprendre les conjugaisons. Les 6 faces du dé correspondent aux 6 personnes.
Le dé indique deux : votre enfant doit vous dire *tu es* ou *tu as*...

Je m'entraine

1 QUIZ Coche le verbe qui convient.

a. Tu ☐ es sage. ☐ est sage.
b. J' ☐ ai faim. ☐ es faim.
c. Il ☐ es sage. ☐ est sage.
d. Elle ☐ a faim. ☐ as faim.
e. Nous ☐ somme sages. ☐ sommes sages.

2 Complète avec le verbe *être*.

a. Le renard .... un mangeur de poules.
b. Nous .... loin de la maison.
c. Les enfants .... contents de leur nouveau jeu.
d. Tu .... bizarre aujourd'hui.

3 Complète avec le verbe *avoir*.

a. Le lapin .... peur du renard.
b. Les enfants .... envie de rester jouer.
c. La poule .... eu cinq poussins.
d. Tu .... un petit frère.

4 Complète le texte avec le verbe *être* conjugué.

Quand je plonge, j'évite surtout des espèces de poissons bruyants nommés bateaux. Mais ici, tout .... calme, et le plancton .... délicieux : ce n'.................... pas encore aujourd'hui que nous bougerons de l'Atlantique ! Respirer à la surface, avaler le krill ça occupe mes journées. Depuis que je .... tout petit, je sais comment attraper des bancs entiers de krill. Je .... bien content, parce qu'au printemps prochain nous partirons vers le nord.

D'après *Arthur le baleineau*, F. Faucompré.

jeu malin

Retrouve les formes conjuguées du verbe *être* dans cette grille de mots mêlés.

ê	t	e	s	i	e
s	o	m	m	e	s
o	s	u	i	s	v
n	a	z	r	u	b
t	e	s	t	l	m

Bravo, tu as terminé ! Entoure ton smiley.

Corrigés page 22 du *Guide parents*

17 Le présent de *chanter* et *finir*

Pour commencer

Combien y-a-t-il de groupes de verbes ?

J'apprends

• Les verbes qui font leur infinitif en -***er*** sont des verbes du **premier groupe** : ils se conjuguent comme **chanter**.

• Les verbes qui font leur infinitif en -***ir*** sont souvent des verbes du **deuxième groupe** : ils se conjuguent comme **finir**.

		1er groupe	2e groupe
singulier	1re personne 2e personne 3e personne	je chante tu chantes il/elle chante	je finis tu finis il finit
pluriel	1re personne 2e personne 3e personne	nous chantons vous chantez ils/elles chantent	nous finissons vous finissez ils/elles finissent

Je comprends comment faire

▶ Pour conjuguer les verbes au présent

• J'ajoute les terminaisons de personnes au **radical** du verbe.
Je trouve le radical en enlevant le -*er* ou le -*ir* de l'infinitif.

chanter → chant-er   finir → fin-ir

Regarde 5 pronoms qui commandent toujours les mêmes lettres :

tu commande → s
nous commande → ons
vous commande → ez
ils ou elles commande → ent

⚠ Attention à **je** et **il** ou **elle**.

Je commande → e pour les verbes du premier groupe mais on met un s pour les verbes du deuxième groupe. Il ou elle commande → e pour les verbes du premier groupe mais on met un t pour les verbes du deuxième groupe.

INFO PARENTS

Continuez le jeu de dé réalisé chapitre 16 et associez chaque personne à une terminaison des verbes du premier groupe. Lorsque le dé indique 5 (= *vous*), votre enfant doit dire : -*ez*.

Je m'entraine

1 QUIZ Coche Vrai ou Faux.

a. Après le pronom *tu*, les verbes du premier groupe se terminent par -*es*. ☐ Vrai ☐ Faux

b. Après le pronom *vous*, les verbes se terminent par -*ez*. ☐ Vrai ☐ Faux

c. À la troisième personne du pluriel, on trouve toujours -*nt* à la fin des verbes. ☐ Vrai ☐ Faux

d. Le verbe *jouer* est un verbe du 3e groupe. ☐ Vrai ☐ Faux

2 Complète la terminaison.

a. Tu fini.................... de gouter.

b. Elles choisiss.................... une nouvelle robe.

c. Les jonquilles fleuriss.................... au printemps.

d. Je pétri.................... la pâte à pain.

e. Nous nourriss.................... trop ce chien.

3 Relie les pronoms et les verbes conjugués.

Tu •	• sautons.
Vous •	• jouent.
Je •	• cherchez.
Elles •	• tire.
Nous •	• manges.

4 Relie les pronoms et les verbes conjugués.

Il •	• jaunis.
Tu •	• finit.
Vous •	• remplissons.
Nous •	• grandissent.
Ils •	• salissez

jeu malin

Des morceaux d'étiquettes sont mélangés. Retrouve les étiquettes et relie-les.

Je march

Tu vol

ons le ski.

ent les sucettes.

e.

Ils aim

Nous ador

es.

Bravo, tu as terminé ! Entoure ton smiley.

Corrigés page 22 du *Guide parents*

18 Le présent de *aller, venir, faire* et *dire*

Pour commencer

Pourquoi *venir* et *dire* ne sont pas des verbes du 2e groupe ?

J'apprends

• Il faut apprendre par cœur la conjugaison de ces quatre verbes irréguliers.

		aller	venir
singulier	1re personne 2e personne 3e personne	je vais tu vas il/elle va	je viens tu viens il/elle vient
pluriel	1re personne 2e personne 3e personne	nous allons vous allez ils/elles vont	nous venons vous venez ils/elles viennent

		faire	dire
singulier	1re personne 2e personne 3e personne	je fais tu fais il/elle fait	je dis tu dis il/elle dit
pluriel	1re personne 2e personne 3e personne	nous faisons vous faites ils/elles font	nous disons vous dites ils/elles disent

Je comprends comment faire

▶ Pour mieux mémoriser la conjugaison du verbe *aller*

Au présent, **aller** a deux radicaux : **v**- et **all**-.

J'utilise le radical **v**- au singulier et à la troisième personne du pluriel.

je vais, tu vas, il va, ils vont

Aux deux autres personnes du pluriel, j'utilise le radical **all**-.

nous allons, vous allez

INFO PARENTS

Faites apprendre par cœur ces verbes à votre enfant. Posez-lui des questions sur une ardoise.
Faire à la 2e personne du singulier... et demandez-lui de répondre très vite.

Je m'entraine

1 QUIZ **Coche Oui ou Non.**

a. Dans *nous faisons*, on prononce le *ai*, *é*. ☐ Oui ☐ Non

b. Le verbe *venir* a besoin de 3 radicaux au présent *vien*, *ven*, *vienn*. ☐ Oui ☐ Non

c. On peut écrire *vous disez*. ☐ Oui ☐ Non

d. On peut dire *vous faisez*. ☐ Oui ☐ Non

2 Complète avec le bon pronom.

a. .... dites des bêtises.

b. .... fait des bêtises.

c. ....viens du pays des magiciens.

d. .... vont à la montagne.

e. .... venez du Brésil.

f. .... vient diner.

3 Recopie les phrases en mettant les pronoms au pluriel.

a. Je viens d'Italie. ....

b. Il va à l'école. ....

c. Je dis un texte. ....

d. Elle vient diner. ....

jeu malin

Mots croisés

1. *Aller* à la 2e personne du singulier.

2. *Venir* à la 1re personne du pluriel.

A. *Aller* à la 1re personne du pluriel.

B. *Venir* à la 1re ou 2e personne du singulier.

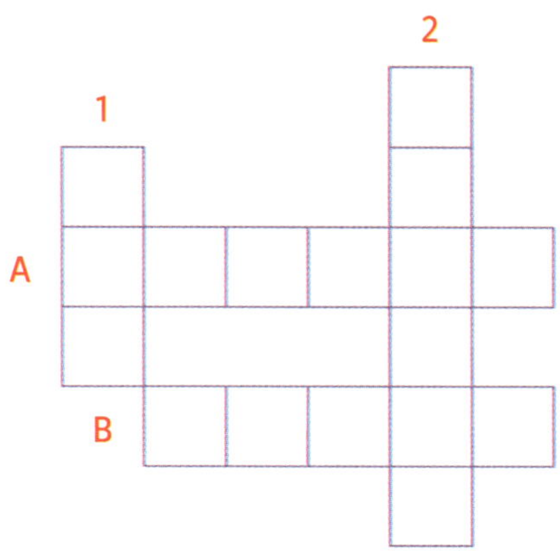

Bravo, tu as terminé ! Entoure ton smiley.

Corrigés page 22 du *Guide parents*

19 Le futur

Pour commencer

Réponds : *Que feras-tu quand tu seras grand ? Je ...* Quel temps emploie-t-on dans la question et dans la réponse ?

J'apprends

- On emploie le futur pour exprimer une **action** qui aura **lieu plus tard** par rapport à des actions présentes.
- Les terminaisons des verbes au futur de l'indicatif sont :

chanter	finir
je chanterai	je finirai
tu chanteras	tu finiras
il/elle chantera	il/elle finira
nous chanterons	nous finirons
vous chanterez	vous finirez
ils/elles chanteront	ils/elles finiront

aller	être	avoir
j'irai	je serai	j'aurai
tu iras	tu seras	tu auras
il/elle ira	il/elle sera	il/elle aura
nous irons	nous serons	nous aurons
vous irez	vous serez	vous aurez
ils/elles iront	ils/elles seront	ils auront

Je comprends comment faire

▶ Pour former le futur

Je retrouve devant les terminaisons de personne le **r** qui marque le temps futur.

je garde je garderai

Derrière le **r**, je repère le verbe **avoir** pour les 3 premières personnes du singulier et la troisième personne du pluriel.

je garderai tu garderas il/elle gardera ils/elles garderont

INFO PARENTS

Quand vous vous exprimez à l'oral avec votre enfant essayez de bien employer les verbes conjugués au futur.
Nous ferons des crêpes tout à l'heure et non *nous allons faire des crêpes tout à l'heure.*

Je m'entraine

1 QUIZ Coche (P) pour présent ou (F) pour futur.

a. L'ours est dans sa cage. ☐ P ☐ F

b. Le soigneur lui donnera du miel pour le consoler d'être enfermé. ☐ P ☐ F

c. La Grande Ourse est dans le ciel. ☐ P ☐ F

d. Elle n'aura pas de miel mais jouera à cache cache dans les nuages. ☐ P ☐ F

2 Mets le verbe entre parenthèses au futur.

a. Nous (partager) .... notre gouter.

b. Marie (chasser) .... pour moi les chiens.

c. Je lui (donner) .... la main sur le chemin.

d. Elle (avoir) .... sa robe bleue.

e. Nous (jouer) .... à chat perché.

jeu malin

Verbes croisés

Horizontal

a. *Pouvoir* au futur à la 1re personne du singulier.

b. *Noter* à la 3e personne du pluriel au futur.

c. *Être* à la 2e personne du singulier au futur.

Vertical

1. *Aller* à la 1re personne du pluriel au futur.
2. Plus tard, le chat en colère feul...
3. *Avoir* à la 3e personne du singulier au futur.
4. *Dire* à la 3e personne du singulier au futur.

	1			2		3					4		
	■	■	■	F	■	A	■	■	■	■	D	■	■
	■	■	■		■		■	■	■	■		■	■
a	I	P							■	■		■	■
		■	■		■		■	■	■	■		■	■
		■	■		■	■	■	■	■	■	■	■	■
b		■	■		■	N							
c	S					■	■	■	■	■	■	■	■

Bravo, tu as terminé ! Entoure ton smiley.

Corrigés page 22 du *Guide parents*

20 L'imparfait

Pour commencer

Réponds : *Que faisais-tu hier soir avant de te coucher? Je ...* Quel temps emploie-t-on dans la question et dans la réponse ?

J'apprends

1er groupe	2e groupe	3e groupe
chanter	**finir**	**mentir**
je chantais tu chantais il/elle chantait nous chantions vous chantiez ils/elles chantaient	je finissais tu finissais il/elle finissait nous finissions vous finissiez ils/elles finissaient	je mentais tu mentais il/elle mentait nous mentions vous mentiez ils/elles mentaient

Je comprends comment faire

▶ Pour former l'imparfait

Je prends le radical du verbe conjugué au présent à la première personne du pluriel, j'ajoute la terminaison de l'imparfait et la terminaison de personne.

nous avons → nous av-i-ons

Les lettres qui marquent l'imparfait sont -**ai** ou -**i**-.

INFO PARENTS

Faites construire à votre enfant des cartes puzzles avec des radicaux de verbes courants et des terminaisons pour qu'il les manipule et les coordonne entre elles. Exemple : *Nous aim-ons / ions / erons*

Je m'entraine

1 QUIZ Coche Oui ou Non.

a. L'imparfait est un temps du passé. ☐ Oui ☐ Non

b. À l'imparfait comme au présent, *tu* ne sort jamais sans son *s*. ☐ Oui ☐ Non

c. À l'imparfait comme au présent, à la troisième personne du pluriel on écrit *-ent* à la fin des verbes. ☐ Oui ☐ Non

d. À l'imparfait comme au présent, le pronom *vous* implique de mettre *-ez* à la fin des verbes. ☐ Oui ☐ Non

2 Souligne les verbes à l'imparfait.

La horde de loups encerclait Yann. Ils avaient le poil hérissé et un grognement sourd s'élevait dans l'air froid. Leurs crocs luisaient sous la lune et leur souffle formait un nuage blanc fantomatique. Yann les regardait avec calme. Il savait que bientôt les loups arrêteraient de grogner et accepteraient de l'aider.

3 Barre l'intrus.

a. il fleurissait – vous habilliez – nous mangions – ils regarderont – vous rangiez

b. j'habitais – il courut – vous étiez – tu avais – elles chantaient

jeu malin

Relie les cartes pour retrouver le texte.

cet attelage | ent d'ardeur. | ai | ent la foulée. | Les loups | ai | redoubl | en riant. | allonge | t | ai | men | Le comte | Les clochettes

Bravo, tu as terminé ! Entoure ton smiley.

Corrigés page 22 du *Guide parents*

21 L'ordre alphabétique et l'écriture des majuscules en lettres cursives

Pour commencer

Combien y a-t-il de voyelles en français ?

J'apprends

- L'**alphabet** est l'ensemble des 26 lettres de la langue française. On distingue 6 voyelles (a, e, i, o, u, y) et 20 consonnes.
- Ces lettres sont toujours dans l'**ordre alphabétique**.

A	B	C	D	E	F	G	H	I	J	K	L	M
N	O	P	Q	R	S	T	U	V	W	X	Y	Z

a	b	c	d	e	f	g	h	i	j	k	l	m
n	o	p	q	r	s	t	u	v	w	x	y	z

A	*B*	*C*	*D*	*E*	*F*	*G*	*H*	*I*	*J*	*K*	*L*	*M*
N	*O*	*P*	*Q*	*R*	*S*	*T*	*U*	*V*	*W*	*X*	*Y*	*Z*

- Dans un dictionnaire, tous les mots sont rangés par ordre alphabétique. Le dictionnaire renseigne sur **l'orthographe** et **le sens** des mots.

Je comprends comment faire

▶ Pour chercher un mot dans le dictionnaire

Je recherche le mot *bravo* dans le dictionnaire.

1. La lettre b se trouve après **a** et avant **c** (a, b, c).

Je feuillette les pages du dictionnaire jusqu'à trouver un mot commençant par b.

2. Je cherche les mots commençant par br, puis bra, puis brav.

Bravo ! Enfin trouvé !

INFO PARENTS

Pour familiariser votre enfant à l'utilisation du dictionnaire, jouez avec lui à celui qui trouve le plus vite un mot dans le dictionnaire.

Je m'entraine

1 QUIZ Coche Oui ou Non.

a. Le dictionnaire donne le genre des mots. ☐ Oui ☐ Non

b. Un mot peut avoir plusieurs sens dans un dictionnaire. ☐ Oui ☐ Non

c. Dans l'ordre alphabétique, la lettre placée entre *d* et *f* est *g*. ☐ Oui ☐ Non

d. Dans l'ordre alphabétique, la lettre placée entre *n* et *o* est *r*. ☐ Oui ☐ Non

e. Dans l'ordre alphabétique, la lettre placée entre *u* et *w* est *x*. ☐ Oui ☐ Non.

2 Ajoute les lettres qui manquent à cet alphabet.

a	b	c	d	e	....	g	h	i	....	k	l	m
....	o	p	....	r	s	....	u	v	w	x	y	z

3 Remets les mots dans l'ordre et recopie la phrase en écrivant les majuscules en lettres cursives.

Le rouge Petit le loup a rencontré Chaperon dans la forêt.

....

4 Classe ces prénoms par ordre alphabétique (de 1 à 8).

Agathe   Charlotte   Astrid   Lucile   Marine   Valérie   Emmanuel   Benoit

....

jeu malin

Remplace chaque nombre par une lettre et retrouve la blague.

A = 1	B = 2	C = 3	D = 4	E = 5	F = 6	G = 7	H = 8	I = 9
J = 10	K = 11	L = 12	M = 13	N = 14	O = 15	P = 16	Q = 17	R = 18
S = 19	T = 20	U = 21	V = 22	W = 23	X = 24	Y = 25	Z = 26	

On ne dit pas : 13 15 14 1 13 918 1 12 ....

mais on dit : 13 15 14 1 13 9 18 1 12 5 ....

Bravo, tu as terminé ! Entoure ton smiley.

Vocabulaire

22 Sens propre et sens figuré

Pour commencer

As-tu la tête dans les nuages ? Donnes-tu ta langue au chat ?

J'apprends

- Un mot peut avoir souvent plusieurs sens.

– Le **sens propre** est le premier sens d'un mot, le plus courant et souvent le plus concret.

L'épicière pèse ses fruits.
→ **Sens propre** : avec une balance

– Le **sens figuré** est le sens plus imagé d'un mot.

Je pèse mes mots pour ne pas dire n'importe quoi.
→ **Sens figuré** : je fais attention à ce que je dis.

Expressions au sens figuré	Définitions
Avoir un chat dans la gorge.	Être enroué.
Sauter du coq à l'âne.	Changer souvent de sujet.
Avoir la tête dans les nuages.	Être distrait.
Prendre ses jambes à son cou.	S'enfuir.
Donner un coup de main.	Aider.

Je comprends comment faire

▶ Pour comprendre les expressions au sens figuré en consultant un dictionnaire

- Quand je cherche le sens d'un mot dans le dictionnaire, je remarque que :

– Le sens propre correspond à la première définition de ce mot.

– Le sens figuré est précédé de (Fig.)

Pomme : 1. Fruit rond à pulpe ferme et juteuse.
2. Fig. *Tomber dans les pommes* : s'évanouir.

INFO PARENTS

Dites à votre enfant que dans le mot *figuré* on retrouve *figure* donc *image*. Il faut qu'il imagine dans sa tête ce que l'expression veut dire.

Je m'entraine

1 QUIZ Coche la bonne réponse : sens propre (SP) ou sens figuré (SF).

a. Avoir mal au ventre. ☐ SP ☐ SF

b. Lancer un ballon. ☐ SP ☐ SF

c. Lancer un pari. ☐ SP ☐ SF

d. Tomber dans l'oreille d'un sourd. ☐ SP ☐ SF

e. Avoir les yeux plus gros que le ventre. ☐ SP ☐ SF

2 Souligne les phrases qui emploient des expressions au sens figuré.

a. Mon chat dort sur le canapé.

b. Bébé est paisible et dort sur ses deux oreilles.

c. Puisque tu ne connais pas la réponse, donne ta langue au chat.

d. Pinocchio raconte souvent des histoires à dormir debout.

3 Relie chaque expression au sens figuré à sa définition.

Avoir un cheveu sur la langue. •	• S'en aller.
Prendre la clé des champs. •	• Zozoter.
Tomber dans les pommes. •	• Être paresseux.
Avoir un poil dans la main. •	• S'évanouir.
Jouer avec le feu. •	• Avoir des nouvelles récentes.
Recevoir des nouvelles fraiches. •	• Prendre des risques.

jeu malin

Observe les dessins et complète les phrases en employant des expressions au sens figuré.

a. J'ai une peur ....

b. Je marche sur des ....

c. Je crois que les murs ont des ....

Bravo, tu as terminé ! Entoure ton smiley.

Corrigés page 23 du *Guide parents*

23 Les mots de sens voisin

Pour commencer

Comment peux-tu dire autrement l'expression « j'ai peur » ?

J'apprends

- Certains mots ont presque le **même sens** ou un **sens voisin**.

gagner un tournoi = remporter un tournoi

Quand on écrit ou quand on parle, on choisit les mots les plus précis parmi ceux qui ont un sens voisin.

L'oiseau fait son nid. → L'oiseau construit son nid.
J'ai un pantalon noir. → Je porte un pantalon noir.

- Dans un texte, on évite les répétitions en utilisant des mots de sens voisin.

Les oiseaux mangent des graines. Ils mangent aussi des insectes.

Les oiseaux se nourrissent de graines. Ils gobent aussi des insectes.

- Quand on utilise un mot familier, on doit aussi savoir trouver un mot de sens voisin plus correct pour écrire ou s'adresser à un adulte.

J'ai la trouille. → J'ai peur.

Je comprends comment faire

▶ Pour utiliser un vocabulaire précis

Évite d'employer le verbe ***faire***, les mots ***truc*** ou ***machin*** : remplace-les par un verbe plus précis.

Le boulanger fait du pain. → Le boulanger fabrique du pain.
Tu as un truc sur les lèvres. → Tu as du dentifrice sur les lèvres.
Tu aurais un machin pour cuire les gâteaux? → Tu aurais un moule à gâteaux?

INFO PARENTS

Jouez « au jeu du schtroumpf » avec votre enfant. Il faut remplacer le mot « schtroumpf » par des mots précis.
Ils schtroumpfaient leur repas ensemble. = Ils préparaient leur repas ensemble.

Je m'entraine

1 QUIZ Ces paires de mots sont-elles synonymes? Coche Oui ou Non.

a. jouer / s'amuser ☐ Oui ☐ Non

b. gai / joyeux ☐ Oui ☐ Non

c. chemin / balade ☐ Oui ☐ Non

d. beau / beauté ☐ Oui ☐ Non

2 Remplace le verbe *faire* par un des verbes suivants :

dessine – construis – tourne – nettoie – écris – tricote – prépare.

a. Je fais (......................................) un château au crayon.

b. Je fais (......................................) un château de sable.

c. Tu fais (......................................) une lettre.

d. Maman me fait (......................................) un pull.

e. Mon frère fait (......................................) une tarte.

f. Papa fait (......................................) un petit film sur la famille.

g. Mon frère fait (......................................) les carreaux.

3 Barre l'intrus.

a. un gosse – un enfant – un monsieur

b. une baraque – une maison – un vélo

c. le vin – l'eau – la flotte

d. une automobile – un chien – une voiture

e. moche – gentil – laid

f. courageux – hardi – chic

jeu malin

Dans cette grille, retrouve et colorie les paires contraires de la même couleur.

richesse	présent	petit	innocent
absent	grand	coupable	dehors
peu	nouveau	dedans	ancien
beaucoup	descendre	pauvreté	monter

Bravo, tu as terminé ! Entoure ton smiley.

Corrigés page 23 du *Guide parents*

MATHÉMATIQUES

→ Des exercices interactifs sur
www.hatier-entrainement.com

Nombres et calculs

Date | Évaluation

Espace et géométrie

Grandeurs et mesures

Problèmes

1 Les nombres jusqu'à 69

Pour commencer

Quel est le chiffre des dizaines de 47 ?

J'apprends

- Les **nombres** s'écrivent avec les dix **chiffres** :

0, 1, 2, 3, 4, 5, 6, 7, 8, 9 :

24 : chiffre des **dizaines** → 2 ; chiffre des **unités** → 4

ou en **lettres** : vingt-quatre.

- **Un nombre se décompose ainsi :**

24 = 20 + 4 = 10 + 10 + 4

10 + 10 → **2 dizaines** ; 4 → **4 unités**

2 est le nombre de dizaines de 24.

Je comprends comment faire

▶ Pour écrire en lettres les nombres de 1 à 69

- On utilise les mots : un, deux, trois, quatre, cinq, six, sept, huit, neuf, dix, onze, douze, treize, quatorze, quinze, seize, vingt, trente, quarante, cinquante, soixante.
- On écrit **et entre les dizaines et *un*** : **trente-et-un**.
- Il y a toujours un **trait d'union** entre les mots : trente-six, cinquante-deux...

▶ Pour trouver les doubles et les moitiés

1	2	3	4	5	6	7	8	9	10

a pour double ↓

2	4	6	8	10	12	14	16	18	20

2	4	6	8	10	12	14	16	18	20

a pour moitié ↓

1	2	3	4	5	6	7	8	9	10

INFO PARENTS

À partir d'un catalogue de supermarché ou de jouets, demandez à votre enfant de lire les prix. Choisissez pour le moment des nombres entiers plus petits que 69 ou cachez les centimes.

Je m'entraine

1 QUIZ Coche les bonnes réponses.

a. 58 s'écrit 50 + 8 ☐

b. 39 s'écrit 10 + 10 + 10 + 9 ☐

c. Soixante-neuf s'écrit 50 + 9 ☐

d. 45 s'écrit 50 + 4 ☐

2 Décompose les nombres suivants.

a. 45 ....

b. 27 ....

c. 54 ....

3 Écris en chiffres ces nombres.

a. dix-huit ....

b. vingt-sept ....

c. quarante-trois ....

d. cinquante-deux ....

e. trente-six ....

f. soixante-et-un ....

4 Écris en lettres ces nombres.

a. 46 ....

b. 18 ....

c. 57 ....

d. 9 ....

jeu malin

Devinette

– J'ai le même chiffre des dizaines que vingt-sept.

– J'ai le même chiffre des unités que quinze.

Qui suis-je? ....

Bravo, tu as terminé ! Entoure ton smiley.

Corrigés page 23 du *Guide parents*

2 Les nombres jusqu'à 99

Pour commencer
Quel est le chiffre des dizaines dans 68 ?

J'apprends

- Voici comment s'écrivent les nombres de 70 à 99.

70	soixante-dix	80	quatre-vingts	90	quatre-vingt-dix
71	soixante-et-onze	81	quatre-vingt-un	91	quatre-vingt-onze
72	soixante-douze	82	quatre-vingt-deux	92	quatre-vingt-douze
73	soixante-treize	83	quatre-vingt-trois	93	quatre-vingt-treize
74	soixante-quatorze	84	quatre-vingt-quatre	94	quatre-vingt-quatorze
75	soixante-quinze	85	quatre-vingt-cinq	95	quatre-vingt-quinze
76	soixante-seize	86	quatre-vingt-six	96	quatre-vingt-seize
77	soixante-dix-sept	87	quatre-vingt-sept	97	quatre-vingt-dix-sept
78	soixante-dix-huit	88	quatre-vingt-huit	98	quatre-vingt-dix-huit
79	soixante-dix-neuf	89	quatre-vingt-neuf	99	quatre-vingt-dix-neuf

Je comprends comment faire

▶ Pour comparer des nombres

- $23 < 75$ ou $75 > 23$ car $2 < 7$ ou $7 > 2$

On lit : 23 est **plus petit que** 75 ou 75 **est plus grand** que 23.

$82 < 87$ car le chiffre des dizaines est le même mais $2 < 7$.

- 2 12 17 29 65 92 — Ces nombres sont rangés du **plus petit au plus grand**.
- 81 74 58 54 38 19 — Ces nombres sont rangés du **plus grand au plus petit**.

▶ Pour décomposer à partir du nom du nombre

$75 = 60 + 15$: 60 → soixante ; 15 → quinze

$83 = 20 + 20 + 20 + 20 + 3$: 20 + 20 + 20 + 20 → quatre-vingts ; 3 → trois

INFO PARENTS

Donnez deux chiffres différents à votre enfant puis demandez-lui d'écrire les nombres utilisant ces deux chiffres et de vous indiquer le plus grand nombre et le plus petit.

Je m'entraine

1 QUIZ Coche Vrai ou Faux.

a. $74 = 60 + 14$ ☐ Vrai ☐ Faux
b. $65 < 59$ ☐ Vrai ☐ Faux
c. $93 = 90 + 13$ ☐ Vrai ☐ Faux
d. $87 > 83$ ☐ Vrai ☐ Faux

2 Dans 78 :

a. Quel est le chiffre des dizaines? ....
b. Quel est le chiffre des unités? ....
c. Quel est le nombre de dizaines? ....

3 Écris en lettres les nombres.

a. 75 ....
b. 93 ....
c. 77 ....

4 Décompose à partir de son nom chaque nombre.

a. 73 ....
b. 57 ....
c. 65 ....

5 Écris en chiffres les nombres.

a. soixante-treize..........
b. quatre-vingt-sept ....
c. quatre-vingt-dix-huit ....

6 Complète par $<$ ou $>$.

a. 45 89
b. 78 74
c. 95 91

jeu malin

En partant de 12, relie tous les nombres du plus petit au plus grand.

50
41 35 68 57
29 23 84 75
12 91

Bravo, tu as terminé ! Entoure ton smiley.

Corrigés page 23 du *Guide parents*

3 Les nombres jusqu'à 999

Pour commencer

Quel est le nombre qui est juste après 99 ?

J'apprends

- Un nombre s'écrit en **chiffres** :

286

- 2 : chiffre des **centaines**
- 8 : chiffre des **dizaines**
- 6 : chiffre des **unités**

ou **en lettres** : deux-cent-quatre-vingt-six.

- **Pour décomposer un nombre, on utilise un tableau.**

centaines (c)	dizaines (d)	unités (u)	
2	8	6	286 = 200 + 80 + 6
2	8	6	286 = 200 + 86
2	8	6	286 = 280 + 6

Comme 280 c'est 28 dizaines; dans 286, le nombre de dizaines est 28.

Je comprends comment faire

▶ Pour savoir comparer des nombres

- Un nombre à trois chiffres est toujours plus grand qu'un nombre à deux chiffres : 87 < 158

Le nombre qui a le plus grand chiffre des centaines est le plus grand : 784 > 257 car 7 > 2

- Quand le chiffre des centaines est le même, le nombre qui a le plus grand chiffre des dizaines est le plus grand : 384 > 325 car 8 > 2
- On a aussi : 458 > 452 car 8 > 2

INFO PARENTS

Pour aider votre enfant à ranger des nombres du plus petit au plus grand, faites-lui trouver le plus petit de la liste. Demandez-lui de l'écrire puis faites-le recommencer en cherchant le plus petit nombre dans la liste formée par les nombres restants. Et ainsi de suite.

Je m'entraine

1 QUIZ Coche les bonnes réponses.

a. 215 a pour chiffre des centaines 2. ☐

b. Cinq-cent-quatre-vingt-trois est égal à 504 + 20 + 3. ☐

c. 658 = 600 + 50 + 8 ☐

d. 500 < 399 ☐

2 Dans le nombre 348 :

a. quel est le chiffre des dizaines? ……………………

b. quel est le chiffre des centaines? ……………………

3 Décompose les nombres.

a. 308 ……………………

b. 219 ……………………

4 Écris en chiffres les nombres.

a. deux-cent-soixante-quinze ……………………

b. sept-cent-deux ……………………

5 Complète par < ou >.

a. 45 ……… 963

b. 452 ……… 874

c. 236 ……… 231

6 Écris en lettres les nombres.

a. 423 ……………………

b. 705 ……………………

jeu malin

Devinette

– J'ai le même chiffre des centaines que cent-soixante-dix.
– J'ai le même chiffre des dizaines que huit-cent-quatre-vingts.
– J'ai le même chiffre des unités que soixante-dix.

Qui suis-je? ……………………

Bravo, tu as terminé ! Entoure ton smiley.

Corrigés page 23 du *Guide parents*

4 Quand faire des additions

Pour commencer

J'ai un billet de 20 euros et un billet de 5 euros dans ma poche. J'ai combien d'argent ?

J'apprends

On fait des **additions** :

▶ Pour calculer une dépense totale

Éric achète des rollers à 53 euros et des gants à 14 euros.
Combien a-t-il dépensé?

53 + 14 = 67 La dépense totale est donc de 67 euros.

▶ Pour réunir deux collections

Léo possède 25 billes, et son frère Tanguy 62 billes.
Combien ont-ils de billes à eux deux?

25 + 62 = 87 Ils ont ensemble 87 billes.

Je comprends comment faire

▶ Pour avancer sur une piste numérique

Rachel joue au jeu de l'oie, son pion est sur la case 16.

Où sera-t-il si elle obtient un 5 avec son dé?

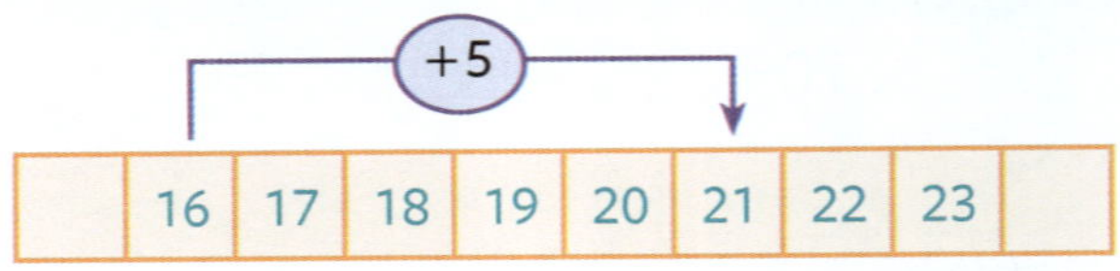

Il sera donc sur la case 21 car 16 + 5 = 21.

▶ Pour additionner en décomposant les nombres

Pour calculer **25** + **62**, on peut faire ainsi :

25 + 62 = 20 + 5 + 60 + 2

On calcule en regroupant entre elles les dizaines, les unités.

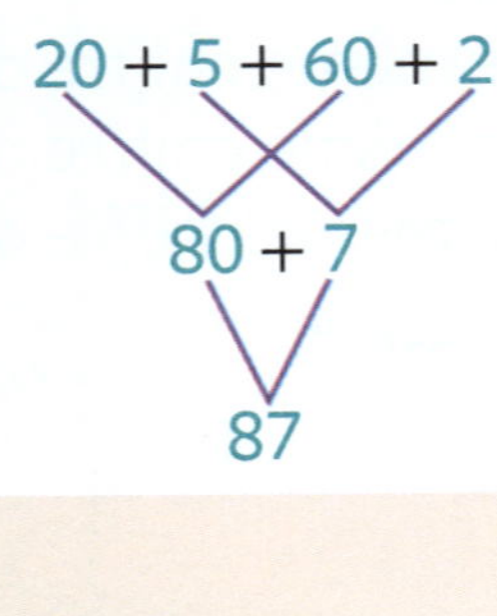

INFO PARENTS

Demandez à votre enfant de faire un dessin pour représenter les données et mettre en évidence les regroupements. Le calcul en sera facilité. Par exemple, avec des sommes constituées de billets de 10 € et de pièces de 1 €.

Je m'entraine

*** 1 QUIZ Coche les problèmes qui utilisent une addition.**

a. Durant un match, l'équipe de rugby de Pau marque 15 points et celle de Toulon 14 points. Combien de points ont été marqués? ☐

b. Éric a 11 ans, son père a 27 ans de plus que lui. Quel est l'âge de son père? ☐

c. Hier Élena a lu 15 pages d'une BD de 45 pages. Combien de pages lui reste-t-il à lire? ☐

d. Deux pirates se partagent 98 pièces d'or. Quelle est la part de chacun? ☐

*** 2 Calcule l'addition en décomposant.**

452 + 231 = ……………………

* 3 Un jardinier doit planter 254 plants de primevères le matin et 123 plants de narcisses l'après-midi.

Combien de fleurs doit-il planter en une journée? ……………………

*** 4 Complète ce ticket de caisse.**

Brico du Rond-point

1 perceuse	74	€
1 marteau	23	€
Total	……	€

*** 5 Lors d'un jeu, Julian a son pion sur la case 17, il lance les deux dés et obtient un 5 et un 6.

Sur quelle case va-t-il mettre son pion?

……………………

jeu malin

Joël, Marie et Cécile viennent de faire une partie de fléchettes.
Qui a gagné?

……………………

Bravo, tu as terminé ! Entoure ton smiley.

Corrigés page 24 du *Guide parents*

5 L'addition

Pour commencer
À quoi est égal 300 + 50 + 8 ?

J'apprends

▶ Addition en colonne (on dit : «poser une addition»)

- Quand on pose une addition en colonne, il faut **aligner** :

	c	d	u
	2	4	3
+	4	3	6
	6	7	9

– les unités sous les unités
– les dizaines sous les dizaines
– les centaines sous les centaines

- Il faut **ajouter** en commençant par la colonne de **droite** des unités et en allant vers celles de **gauche**.

▶ Addition avec retenue

	c	d	u
	1	1	
	2	7	8
+	3	4	6
	6	2	4

1re étape : 8 + 6 = 14, j'écris 4 et je retiens 1.
2e étape : 1 + 7 + 4 = 12, j'écris 2 et je retiens 1.
3e étape : 1 + 2 + 3 = 6, j'écris 6.

Je comprends comment faire

▶ Pour calculer la somme de 3 nombres

Pour calculer la somme de trois nombres, on calcule d'abord la somme de deux des nombres que l'on ajoute au troisième.

Ici, on a fait les calculs en utilisant un arbre à calcul.

INFO PARENTS
Pour que votre enfant pose correctement une addition en colonne, utilisez du papier à gros carreaux pour permettre une bonne disposition des chiffres (1 chiffre par carreau).

Je m'entraine

1 QUIZ **Coche la bonne réponse.**

324 + 215 = 539 ☐	165 + 328 = 492 ☐	254 + 306 = 550 ☐	427 + 368 = 792 ☐

$$\begin{array}{r} 3\ 2\ 4 \\ +\ 2\ 1\ 5 \\ \hline 5\ 3\ 9 \end{array} \quad \begin{array}{r} 1\ 6\ 5 \\ +\ 3\ 2\ 8 \\ \hline 4\ 9\ 2 \end{array} \quad \begin{array}{r} 2\ 5\ 4 \\ +\ 3\ 0\ 6 \\ \hline 5\ 5\ 0 \end{array} \quad \begin{array}{r} 4\ 2\ 7 \\ +\ 3\ 6\ 8 \\ \hline 7\ 9\ 2 \end{array}$$

2 **Calcule les additions.**

$$\begin{array}{r} 2\ 5\ 6 \\ +\ 3\ 7\ 2 \\ \hline \dots\dots \end{array} \quad \begin{array}{r} 4\ 5\ 8 \\ +\ 3\ 7\ 1 \\ \hline \dots\dots \end{array} \quad \begin{array}{r} 2\ 8\ 6 \\ +\ 4\ 9\ 5 \\ \hline \dots\dots \end{array}$$

3 **Complète cet arbre à calcul.**

25 + 79 + 24 + 37

....

....

4 **Complète l'addition.**

$$\begin{array}{r} 2\ 5\ 6 \\ +\ \dots\dots \\ \hline 6\ 7\ 9 \end{array}$$

5 **Complète les additions suivantes.**

$$\begin{array}{r} 4\ \dots\ 2 \\ +\ \dots\ 2\ \dots \\ \hline 7\ 9\ 6 \end{array} \quad \begin{array}{r} 3\ \dots\ 7 \\ +\ \dots\ 4\ \dots \\ \hline 9\ 5\ 1 \end{array} \quad \begin{array}{r} 2\ \dots\ 5 \\ +\ \dots\ 7\ \dots \\ \hline 6\ 0\ 9 \end{array}$$

jeu malin

J'ai 215 points. **Si j'ajoute 125 points et encore 125 points, combien de points ont été ajoutés au total?** ....

215 —(+125)→ .... ↓ +125 → ....

Bravo, tu as terminé ! Entoure ton smiley.

Corrigés page 24 du *Guide parents*

6 Quand faire des soustractions

Pour commencer

Jules a 258 images dans sa collection, il en donne 50 à son petit frère. Combien lui en reste-t-il ?

J'apprends

On fait une **soustraction** :

▶ Pour calculer un écart

Éric et François font une course. Éric a déjà couru 600 mètres, alors que François en est aux 450 mètres. Quelle est la distance qui les sépare ? 600 – 450 = 150

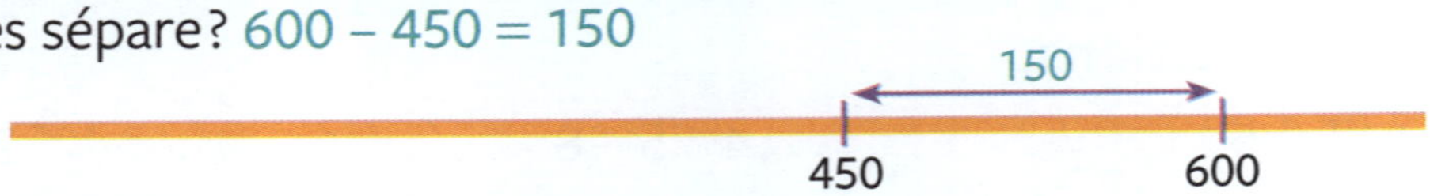

La distance qui les sépare est de 150 mètres.

▶ Pour calculer une partie

Dans un bouquet de 25 fleurs, il y a 12 tulipes et des roses.

Combien y a-t-il de roses ?

Il y a 13 roses car 12 + ... = 25 ou bien 25 – 12 = 13

Je comprends comment faire

▶ Pour calculer ce qui est retiré

Paul, qui avait 67 €, a acheté un dictionnaire. Il a maintenant 24 € dans sa tirelire. Quel est le prix du dictionnaire ?

67 – 24 = 43 Le dictionnaire a couté 43 euros.

▶ Pour reculer sur une piste numérique

Le pion de Marianne est sur la case 26, elle doit reculer de 12 cases. Sur quelle case doit-elle mettre son pion ?

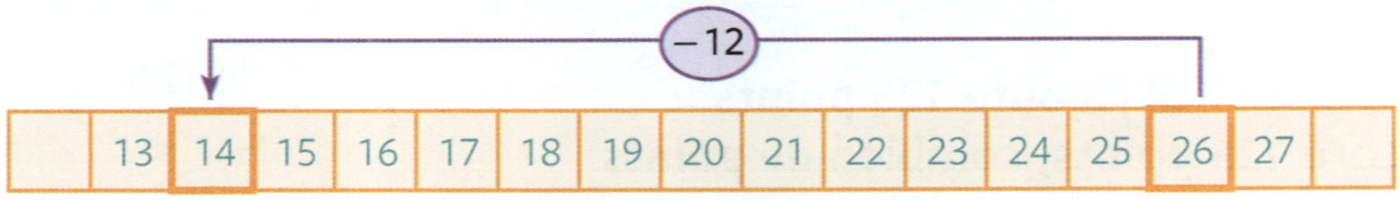

Le pion sera sur la case 14 car 26 – 12 = 14.

INFO PARENTS

Entrainez votre enfant à reculer mentalement d'une ou plusieurs dizaines sur la droite numérique. Par exemple, mon pion est positionné sur la case 45, je recule de 10 et encore de 10...

Je m'entraine

1 QUIZ Coche les problèmes qui utilisent une soustraction.

a. Hugo a 10 ans et son père a 32 ans de plus que lui.
Quel est l'âge de son père? ☐

b. Maxime achète une étagère qui coute 45 € et un fauteuil à 28 €.
Combien a-t-il dépensé? ☐

c. Dans une boite qui contient 48 chocolats, il n'en reste que 17.
Combien de chocolats ont été mangés? ☐

d. Mathilde qui avait 125 € s'abonne à un journal. Il lui reste alors 84 €.
Quel est le prix de l'abonnement? ☐

e. Dans une partie de cartes où il y a 4 joueurs, chaque joueur possède 8 cartes. **Quel est le nombre de cartes du jeu?** ☐

2 Léa a 12 ans et Florian a 7 ans. **Combien d'années les séparent?**

....

3 Lors d'un jeu, Paul, qui a son pion sur la case 25, doit reculer de 9 cases.

Sur quelle case doit-il mettre son pion?

....

4 Complète ce ticket de caisse.

Déco du Bourg

plat	95 €
vase	.... €
Total	133 €

jeu malin

Voici une énigme.

100	**90**	**81**	**73**	**66**	**?**

Trouve le dernier nombre.

Bravo, tu as terminé ! Entoure ton smiley. 😐 🙂 😀

Corrigés page 24 du *Guide parents*

7 La soustraction

Pour commencer

Au nombre 99, j'enlève 3 dizaines et 4 unités. Quel est le nombre que j'obtiens ?

J'apprends

▶ Soustraction en colonne

Quand on pose une soustraction en colonne, il faut :

	c	d	u
	3	4	7
–	1	3	4
	2	1	3

– **écrire** d'abord le **plus grand nombre** ;

– **aligner** :
les unités sous les unités,
les dizaines sous les dizaines,
les centaines sous les centaines,

– **retrancher** le nombre du bas à celui du haut en commençant par la colonne de **droite** des unités et en allant vers celles de **gauche**.

▶ Soustraction avec retenue

	c	d	u
	3	11	8
– 1+	1	4	6
	1	7	2

1re étape : 8 – 6 = 2, j'écris 2.

2e étape : 1 – 4. C'est impossible.
J'ajoute 10 dizaines à la dizaine de 318,
j'ajoute 1 centaine à la centaine de 146,
11 – 4 = 7, j'écris 7.

3e étape : 3 – 2 = 1, j'écris 1.

Je comprends comment faire

▶ Pour soustraire en avançant

Pour calculer la différence **127** – **56** en avançant, je pars du plus petit nombre **56** et j'ajoute des nombres jusqu'à obtenir le plus grand nombre **127**.

La différence est la somme des nombres ajoutés.

127 – 56 = 4 + 40 + 27 = 71

INFO PARENTS

Pour aider votre enfant à bien mémoriser les tables, proposez-lui un nombre inférieur à 10 et demandez-lui de trouver 2 nombres dont l'écart est égal au nombre proposé. Par exemple pour 7, il y a 8 et 1 ou 9 et 2 comme réponses possibles.

Je m'entraine

1 QUIZ Coche Vrai (V) ou Faux (F).

$$\begin{array}{r} 758 \\ -\ 523 \\ \hline 235 \end{array}$$
V ☐ F ☐

$$\begin{array}{r} 925 \\ -\ 358 \\ \hline 633 \end{array}$$
V ☐ F ☐

$$\begin{array}{r} 853 \\ -\ 316 \\ \hline 537 \end{array}$$
V ☐ F ☐

$$\begin{array}{r} 452 \\ -\ 165 \\ \hline 297 \end{array}$$
V ☐ F ☐

2 Calcule les soustractions.

$$\begin{array}{r} 245 \\ -\ 123 \\ \hline \ldots \end{array} \qquad \begin{array}{r} 354 \\ -\ 230 \\ \hline \ldots \end{array} \qquad \begin{array}{r} 347 \\ -\ 221 \\ \hline \ldots \end{array}$$

3 Calcule les soustractions.

$$\begin{array}{r} 356 \\ -\ 192 \\ \hline \ldots \end{array} \qquad \begin{array}{r} 72 \\ -\ 28 \\ \hline \ldots \end{array} \qquad \begin{array}{r} 426 \\ -\ 295 \\ \hline \ldots \end{array}$$

4 a. Complète.

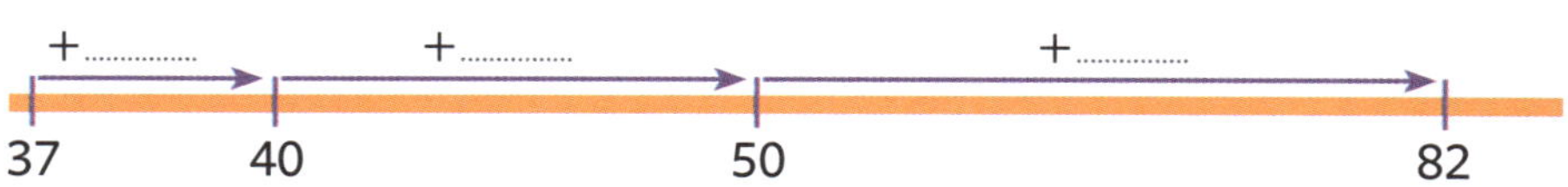

b. Calcule.

82 – 37 = ...

jeu malin

J'ai 475 points. **Si j'enlève 125 points et encore 125 points, combien de points ont été enlevés au total?** ....

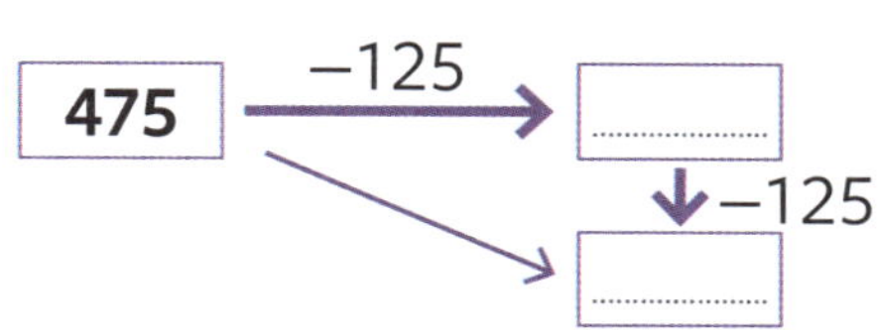

Bravo, tu as terminé ! Entoure ton smiley.

Corrigés page 24 du *Guide parents*

8 Quand faire des multiplications

Pour commencer

Dans un groupe, il y a 11 cyclistes. Combien peut-on compter de roues de vélo ?

J'apprends

On fait une **multiplication** :

▶ Pour calculer le nombre d'objets disposés de façon régulière en rectangle

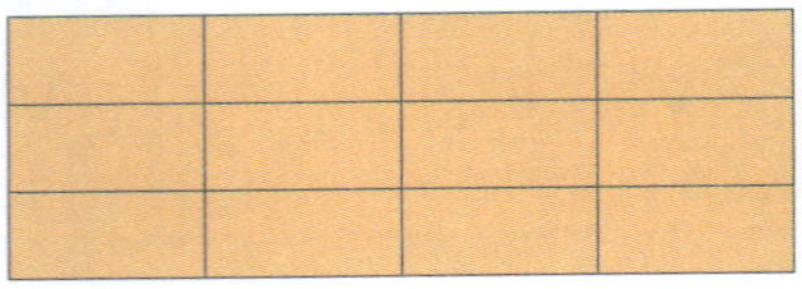

Si on compte les carreaux, on trouve :
$4 + 4 + 4 = 12$.

On écrit $4 \times 3 = 12$ (on lit 4 multiplié par 3 ou 4 fois 3)
ou $3 + 3 + 3 + 3 = 12$.

On écrit $3 \times 4 = 12$ (on lit 3 multiplié par 4 ou 3 fois 4)
et l'on a $3 \times 4 = 4 \times 3$.

▶ Pour calculer le nombre d'objets groupés

Si on veut calculer le nombre de pattes des lapins, on trouve :
$4 + 4 + 4 = 12$.
On écrit $4 \times 3 = 12$.

Je comprends comment faire

▶ Pour calculer le prix de plusieurs objets

Nombre de gâteaux	Prix à payer en euros	
1	5	
2	10	← $5 + 5 = 5 \times 2$
3	15	← $5 + 5 + 5 = 5 \times 3$
4	20	← $5 + 5 + 5 + 5 = 5 \times 4$

Pour trouver le prix à payer, il faut multiplier le prix d'un gâteau par le nombre de gâteaux.

INFO PARENTS

À travers des situations de la vie courante, vous pouvez utiliser l'expression «le double de» ou «le triple de». Par exemple, j'ai 4 œufs il m'en faudrait le triple. Combien ça fait? Dans cet emballage, il y a 6 rouleaux, dans l'autre il y en a le double...

Je m'entraine

1 QUIZ Coche les problèmes qui utilisent une multiplication.

a. Un jardinier plante 8 rangées de 15 salades. **Combien de salades a-t-il plantées?** ☐

b. Erwan a 15 billes rouges et 8 bleues. **Combien a-t-il de billes?** ☐

c. Alexandra a 15 ans et Julian a 8 ans. **Quelle est leur différence d'âge?** ☐

d. Léa achète 11 stylos à 5 € l'un. **Combien doit-elle payer?** ☐

2 Complète puis calcule.

a. 12 + 12 + 12 + 12 + 12 = 12 × .... = ...

b. 8 + 8 + 8 + 8 + 8 + 8 + 8 = 8 × .... = ...

c. 21 + 21 + 21 + 21 = 21 × .... = ...

d. 45 + 45 + 45 = ... × .... = ...

3 a. Écris le nombre d'étoiles avec une multiplication. ....

b. Calcule le nombre d'étoiles. ....

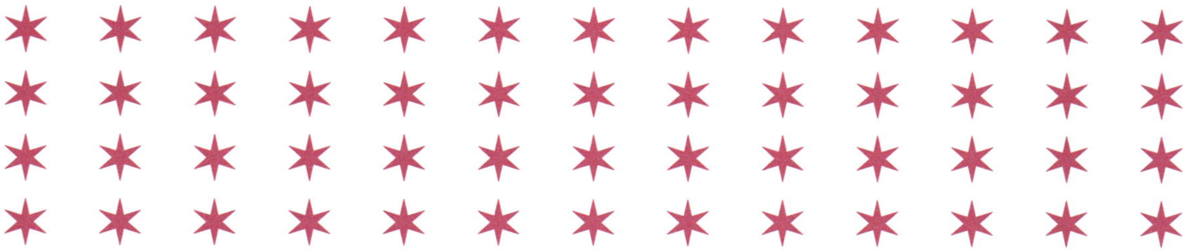

jeu malin

Voici une énigme.

3	6	12	24	48	?

Trouve le dernier nombre.

Bravo, tu as terminé ! **Entoure ton smiley.**

Corrigés page 24 du *Guide parents*

9 La multiplication

Pour commencer

J'ai 8 dizaines de billes : cela fait combien de billes ?

J'apprends

▶ Multiplier des dizaines

$30 \times 7 = 30 + 30 + 30 + 30 + 30 + 30 + 30 = 210$

30×7 c'est 7 fois 3 dizaines donc 21 dizaines ou 210.

Pour multiplier un nombre finissant par 0, on multiplie le chiffre des dizaines et on écrit un **zéro à sa droite**.

▶ Multiplier par 10

24×10 c'est 24 **dizaines**, c'est le nombre **240**

Pour multiplier un nombre par 10, on écrit un zéro à sa droite et l'on obtient le résultat.

Je comprends comment faire

▶ Calculer une multiplication avec un quadrillage et la disposer en colonne

Pour calculer 23×4

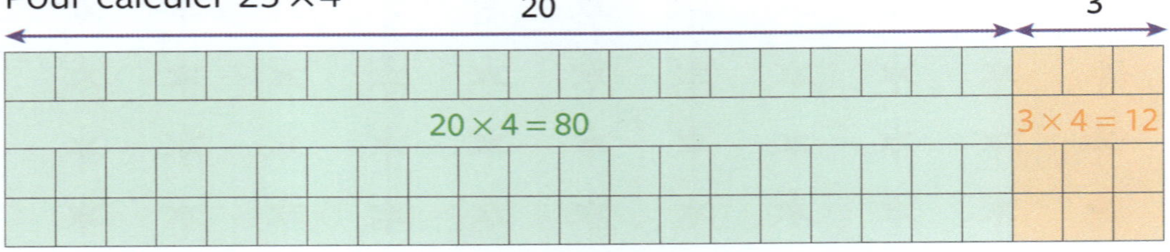

$$
\begin{array}{rr}
 & 2\ 3 \\
\times & 4 \\
\hline
 & 1\ 2 \\
 & 8\ 0 \\
\hline
 & 9\ 2
\end{array}
$$

1 2 → 3×4

8 0 → 20×4

On a $23 \times 4 = 20 \times 4 + 3 \times 4 = 80 + 12 = 92$

INFO PARENTS

Pour aider votre enfant à mémoriser les tables de multiplication, demandez-lui par exemple de compter de 3 en 3 à partir de zéro pour les résultats de la table de 3.

Je m'entraine

1 QUIZ **Coche les bonnes réponses.**

a. $40 \times 7 = 280$ ☐

b. $45 \times 10 = 450$ ☐

c. $13 \times 3 = 26$ ☐

d. $16 \times 5 = 80$ ☐

2 **Complète.**

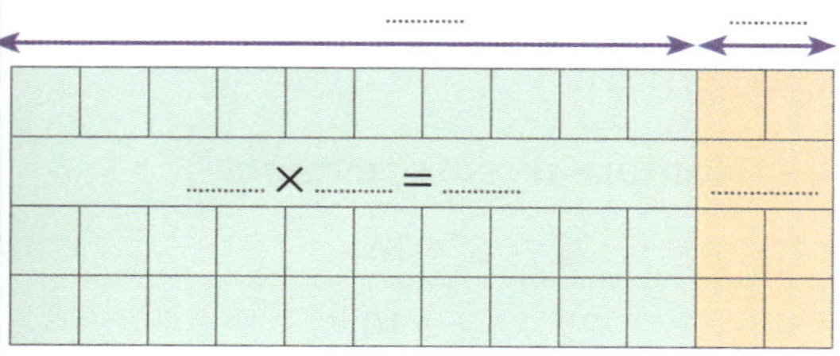

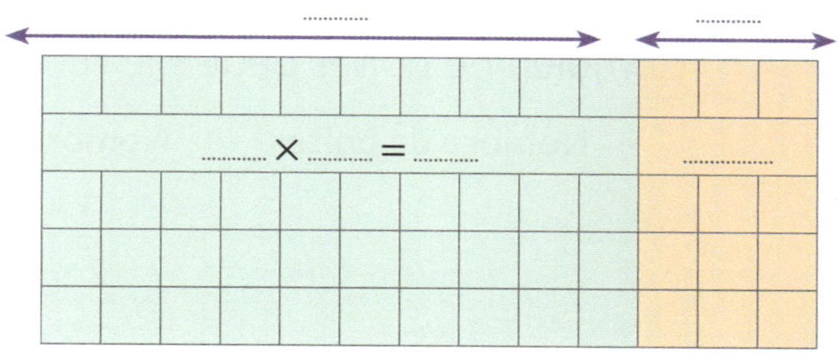

3 **Complète.**

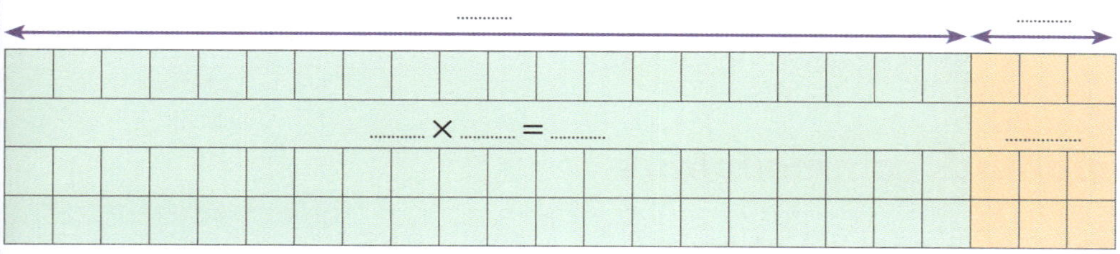

4 **Complète.**

$$\begin{array}{r} 17 \\ \times \quad 4 \\ \hline \ldots \end{array} \qquad \begin{array}{r} 32 \\ \times \quad 3 \\ \hline \ldots \end{array} \qquad \begin{array}{r} 43 \\ \times \quad 2 \\ \hline \ldots \end{array} \qquad \begin{array}{r} 35 \\ \times \quad 2 \\ \hline \ldots \end{array}$$

jeu malin

Dans la multiplication de 27 par 3, Lola a trouvé 84. «C'est faux!» lui dit son ami Éric sans faire l'opération.

Comment Éric a-t-il fait? ....

Bravo, tu as terminé ! Entoure ton smiley.

Corrigés page 24 du *Guide parents*

10 Quand faire des divisions

Pour commencer

Dans une boite, il y a 20 chocolats. Annie en prend la moitié. Combien en a-t-elle pris ?

J'apprends

• On fait une **division** pour résoudre les problèmes de partage, quand toutes les parts sont les mêmes.

La fermière range les 22 œufs qu'elle vient de ramasser au poulailler dans des boites contenant 6 œufs.

Combien de boites peut-elle remplir complètement ?

Nombre de boites	Nombre d'œufs	Nombre d'œufs restants
1	$1 \times 6 = 6$	$22 - 6 = 16$
2	$2 \times 6 = 12$	$22 - 12 = 10$
3	$3 \times 6 = 18$	$22 - 18 = 4$

On divise 22 par 6. La fermière remplit 3 boites et il reste 4 œufs.
On a : $22 = 6 \times 3 + 4$.

Je comprends comment faire

▶ Pour trouver la part de chacun

Quatre enfants se répartissent 20 cubes. Ils en prennent chacun un jusqu'à épuisement du tas. Combien chaque enfant aura-t-il pris de cubes ?

Tours	Cubes distribués	Cubes restants
1	4	$20 - 4 = 16$
2	8	$16 - 4 = 12$
3	12	$12 - 4 = 8$
4	16	$8 - 4 = 4$
5	20	$4 - 4 = 0$

On a divisé 20 par 4. On peut écrire $20 : 4 = 5$.

Le quotient est 5, chaque enfant aura 5 cubes.

Quand le reste est égal à 0, on dit que la division tombe juste.

INFO PARENTS

Confiez à votre enfant des problèmes de partage. Par exemple partager un paquet de 24 biscuits avec ses 3 camarades. Demandez-lui aussi comment répartir sur la semaine la consommation d'une boite de 18 chocolats.

Je m'entraine

1 QUIZ Coche les problèmes où il faut faire une division.

a. On distribue un jeu de cartes entre 4 joueurs. **S'il y a 32 cartes dans le jeu, combien de cartes reçoit chaque joueur?** ☐

b. **Si l'on peut ranger 10 boites par carton, combien faut-il de cartons pour ranger 80 boites?** ☐

c. Dans un champ, il y a 5 rangées de 6 salades. **Combien y a-t-il de salades?** ☐

d. Étienne et Jacques se partagent des billes. Étienne en prend 23 et Jacques en prend 10 de plus qu'Étienne. **Combien Jacques a-t-il de billes?** ☐

2 Avec 45 roses, on confectionne des bouquets de 9 roses.

Combien fait-on de bouquets? ....

3 On distribue 24 biscuits entre 3 enfants.

Quelle est la part de chacun? ....

4 Résous ce problème.

Dans une classe de 25 élèves, la maitresse distribue 125 cahiers.

Combien de cahiers aura chaque élève? ....

jeu malin

Devinette

En partant de la case 0, un lapin fait des bonds de 5 cases. Il passe sur les cases 5, 10...

En combien de bonds sera-t-il sur la case 40? ....

Bravo, tu as terminé ! Entoure ton smiley.

Corrigés page 24 du *Guide parents*

11 Calcul mental

Pour commencer

Quel est le double de 10 ?

J'apprends

▶ Ajouter 10

C'est ajouter une dizaine.

25 + 10 = 35

2 d + 1 d = 3 d

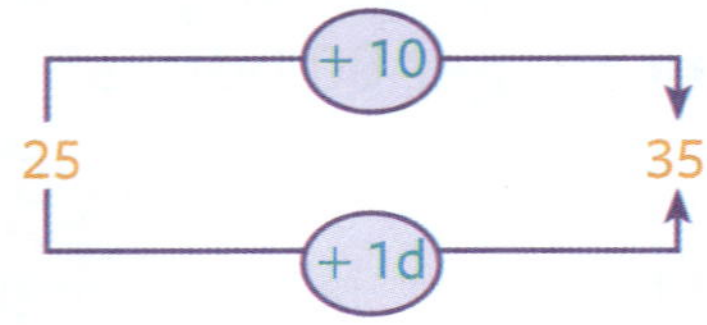

▶ Retrancher 10

C'est retrancher une dizaine.

53 – 10 = 43

5 d – 1 d = 4 d

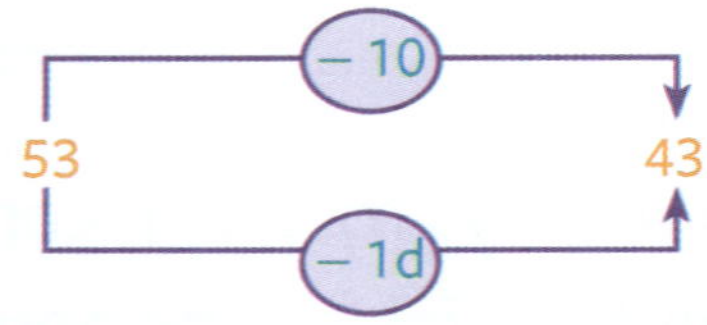

Je comprends comment faire

▶ Pour ajouter 20

C'est ajouter deux dizaines.

45 + 20 = 65

4 d + 2 d = 6 d

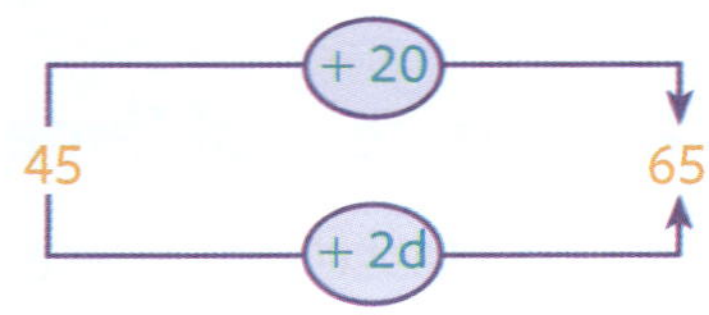

▶ Pour ajouter 11

J'ajoute 10 puis j'ajoute encore 1.

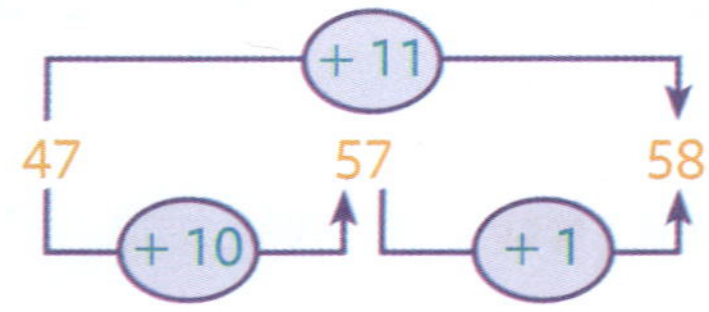

▶ Pour ajouter 9

J'ajoute 10 puis je retranche 1.

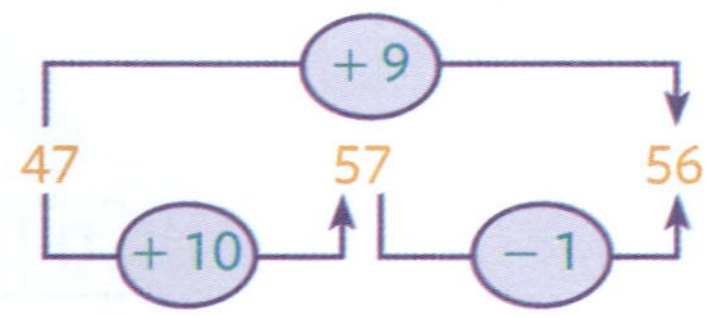

▶ Pour calculer le double

J'ajoute le nombre avec lui-même.

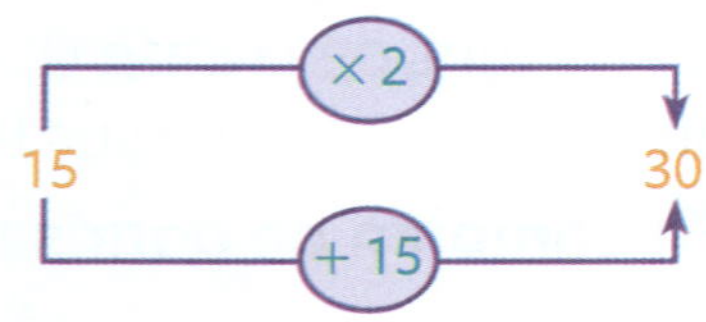

INFO PARENTS

Dire à l'oral les calculs que l'on fait mentalement facilite le calcul.

Je m'entraine

1 QUIZ Coche Oui ou Non.

a. 73 + 10 = 63 ☐ Oui ☐ Non
b. 57 + 20 = 77 ☐ Oui ☐ Non
c. 49 + 9 = 59 ☐ Oui ☐ Non
d. 84 − 10 = 74 ☐ Oui ☐ Non

2 Calcule rapidement.

a. 45 + 10 = ...
b. 58 + 10 = ...
c. 45 − 10 = ...
d. 78 + 10 = ...
e. 124 − 10 = ...

3 Calcule rapidement.

a. 74 + 20 = ...
b. 85 + 20 = ...
c. 68 + 20 = ...
d. 23 + 11 = ...
e. 42 + 11 = ...

4 Résous ces problèmes sans poser d'opération.

a. Mélanie a 13 ans, sa sœur en a le double. **Quel est l'âge de la sœur de Mélanie?**

....

b. Quand Maxime est né son père avait 20 ans. Maxime a maintenant 13 ans.
Quel est actuellement l'âge de son père? ....

c. Kévin a eu 10 ans en 1998. **En quelle année est-il né?** ....

d. Julie est née en 1982, elle a 11 ans de plus que son frère Martin.
En quelle année est né Martin? ....

e. Antoine a 36 euros dans sa tirelire et sa sœur en a le double. **Combien a-t-elle?**

....

jeu malin

Un magicien demande à Marie de mettre un nombre dans sa tête puis d'ajouter 11, ensuite d'enlever 10 puis d'ajouter 9 pour encore enlever 10. Le magicien demande à Marie son résultat, il découvre alors le nombre pensé par Marie.
Si Marie a pensé à 17 quel est le résultat qu'elle a donné au magicien? ....

Bravo, tu as terminé ! Entoure ton smiley.

Corrigés page 25 du *Guide parents*

12 Les polygones

Pour commencer

Quelle est la forme géométrique d'une équerre ?

J'apprends

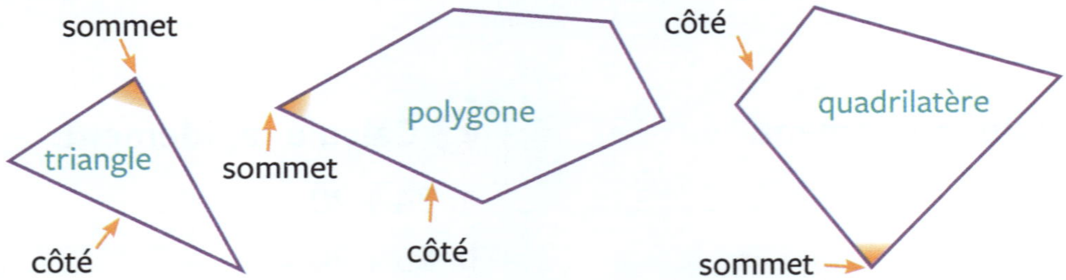

- Un **triangle** est une figure qui a 3 côtés et 3 sommets.
- Un **polygone** est une figure qui a plusieurs côtés.
- Un **quadrilatère** est une figure géométrique (**carré**, **rectangle**...) qui a 4 côtés et 4 sommets.

Je comprends comment faire

▶ Pour reconnaitre le triangle rectangle

Je vérifie à l'équerre qu'il a un angle droit.

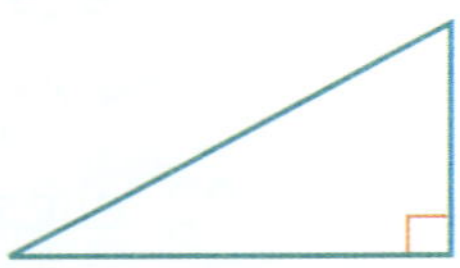

▶ Pour reconnaitre les quadrilatères particuliers

- **Le rectangle :** je vérifie à l'équerre qu'il a 4 angles droits.

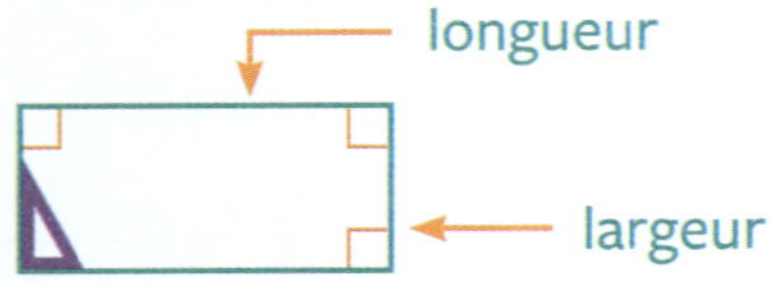

- **Le carré :**
  – je vérifie à l'équerre qu'il a 4 angles droits ;
  – je vérifie à la règle que les 4 côtés ont la même longueur.

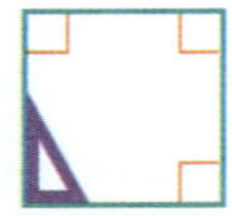

INFO PARENTS

Les figures géométriques doivent être tracées avec soin. C'est en mesurant avec précision que l'on détermine la longueur d'un côté. C'est en superposant exactement l'équerre que l'on vérifie un angle droit.

Je m'entraine

1 QUIZ Coche les réponses exactes.

a. La figure A est un carré. ☐
b. La figure B est un rectangle. ☐
c. La figure C est un triangle rectangle. ☐
d. La figure D est un rectangle. ☐

2 Dessine un carré de 6 carreaux de côté.

3 Dessine un rectangle de 8 carreaux sur 6 carreaux.

4 Sur ce dessin colorie les triangles rectangles en vert.

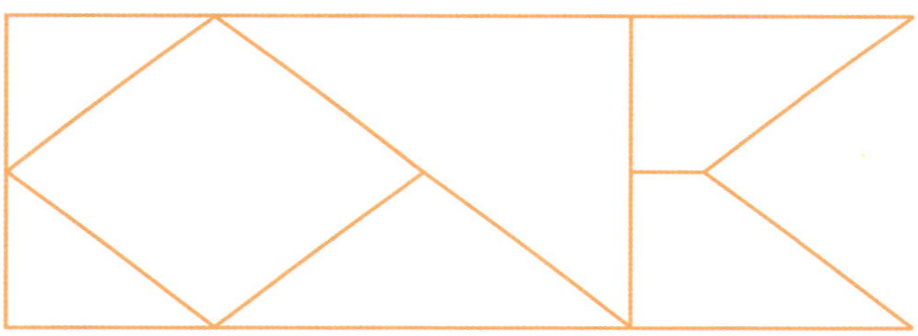

5 Reproduis cette figure sur fond quadrillé.

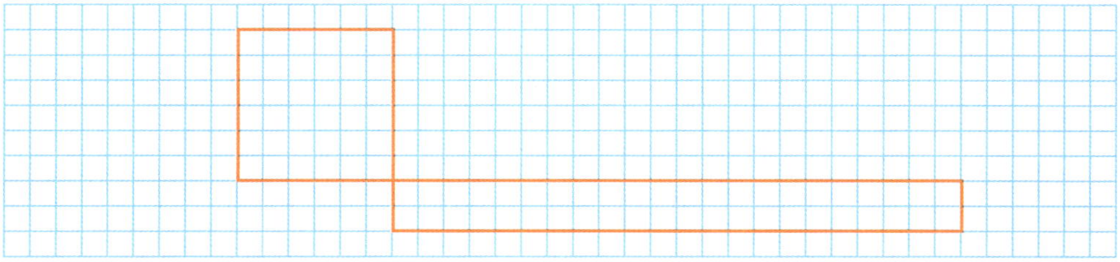

jeu malin

Devinette
Combien de triangles peut-on compter sur cette figure?

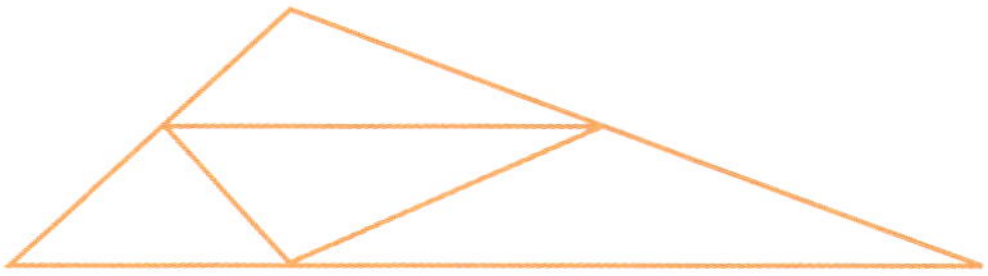

Bravo, tu as terminé ! Entoure ton smiley.

Corrigés page 25 du *Guide parents*

13 Cercles et constructions

Pour commencer

Quelle est la forme géométrique d'une roue de bicyclette ?

J'apprends

▶ Un cercle se trace avec un compas.

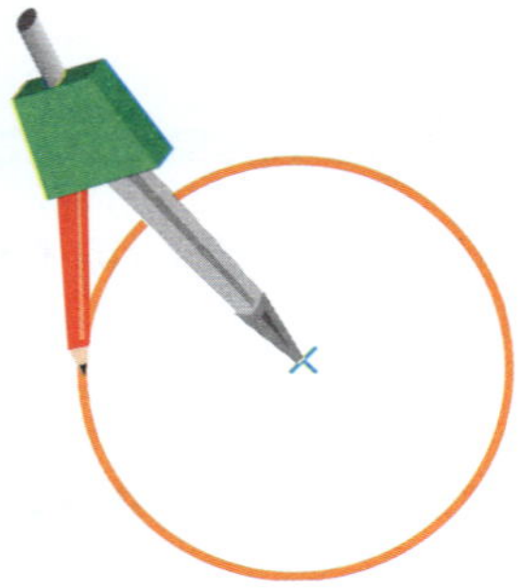

• Pour le tracer, on place la **pointe** du compas en un point qui devient le **centre** du cercle et on tourne le compas sans modifier l'écartement.

• L'écartement du compas représente le **rayon** du cercle.

Je comprends comment faire

▶ Pour faire une construction

À partir du programme de construction, je dois exécuter **les consignes dans l'ordre.**

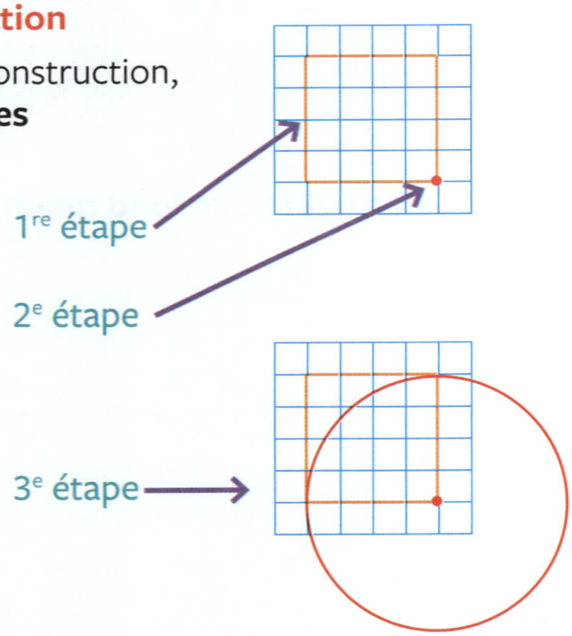

• Trace un carré de 4 carreaux de côté.

• Choisis un sommet du carré.

• Trace le cercle qui a pour centre ce point et qui passe par deux autres sommets.

INFO PARENTS

Aidez votre enfant à bien tenir son compas : il doit le faire pivoter sans modifier l'écartement. Pour reproduire une figure demandez-lui de nommer les figures qui composent le tracé.

![Je m'entraine]

Je m'entraine

1 QUIZ **Coche les réponses exactes.**

a. A est un cercle. ☐
b. B est un cercle. ☐
c. C est un cercle. ☐
d. D est un cercle. ☐

2 **Trace un cercle de 3 cm de rayon.**

3 **Avec quel instrument trace-t-on un cercle?** ....

4 **Reproduis ces figures en commençant à chaque fois par tracer le carré de 6 carreaux de côté.**

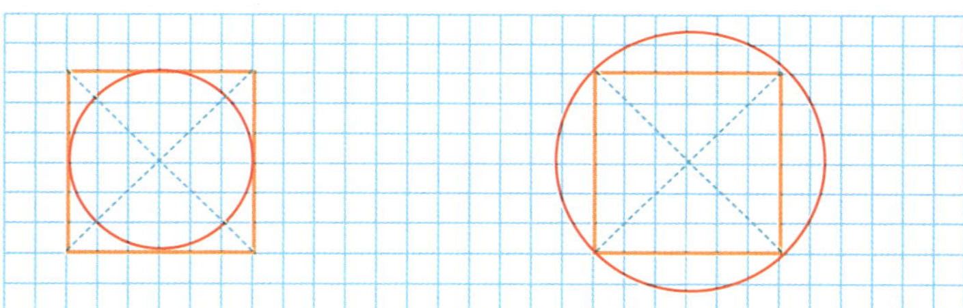

jeu malin

Continue le dessin.

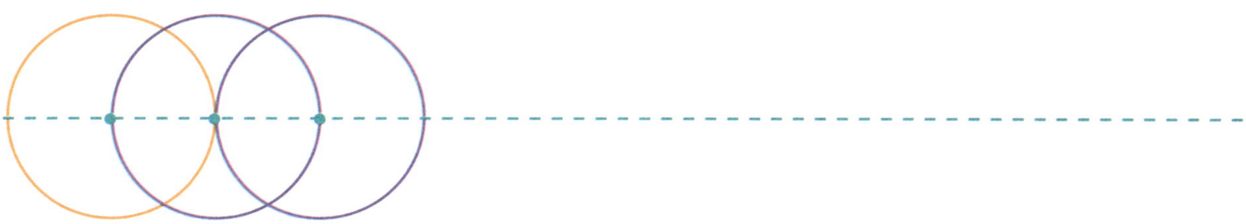

Bravo, tu as terminé ! Entoure ton smiley.

Corrigés page 25 du *Guide parents*

14 Les solides

Pour commencer

Quels sont les nombres qui sont représentés sur un dé à jouer ?

J'apprends

▶ Voici des solides :

• Certains peuvent rouler, d'autres sont pointus.

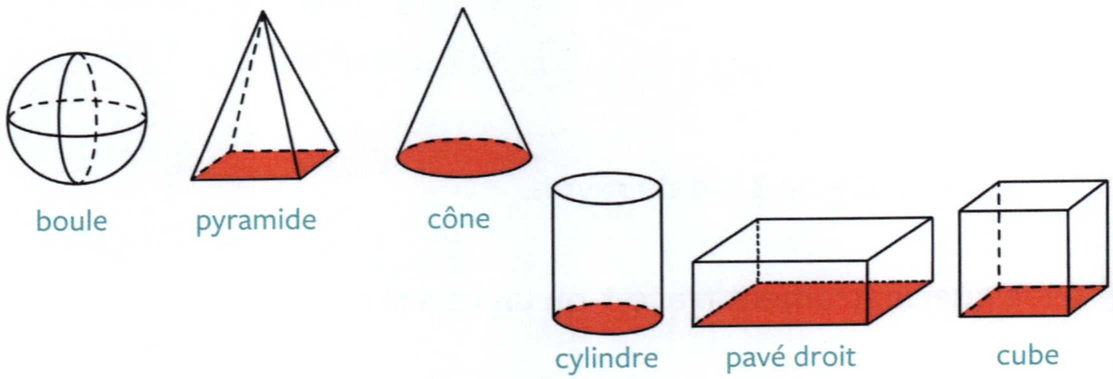

• Certains solides possèdent des faces qui sont planes, des arêtes qui joignent deux sommets.

Je comprends comment faire

▶ Pour reconnaitre le cube

Un cube a **6 faces** qui sont des carrés, **8 sommets** et **12 arêtes**.

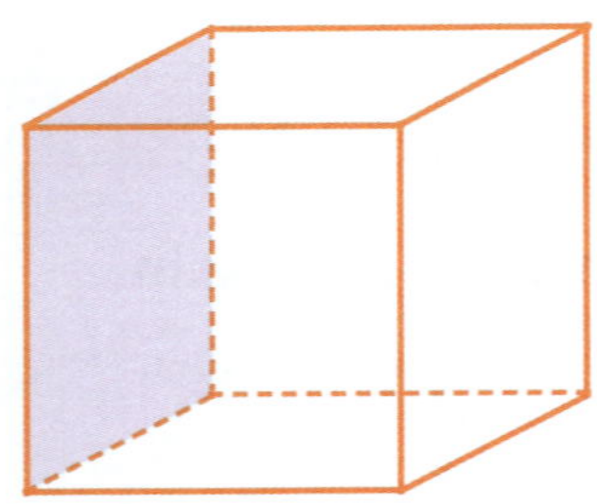

▶ Pour reconnaitre le pavé

Un pavé a **6 faces** qui sont des rectangles, **8 sommets** et **12 arêtes.**

Attention, quand on dessine un cube ou un pavé, certaines faces sont déformées à cause de la perspective.

INFO PARENTS

Pour aider votre enfant à compter des sommets, des faces ou des arêtes, demandez-lui de les repérer sur des objets du quotidien (livres, briques de jus de fruit, boite de conserve, emballage de Toblerone...)

Je m'entraine

1 QUIZ **Coche Vrai ou Faux.**

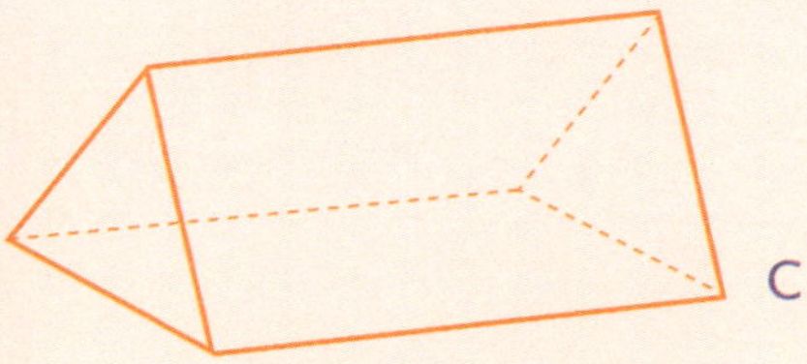

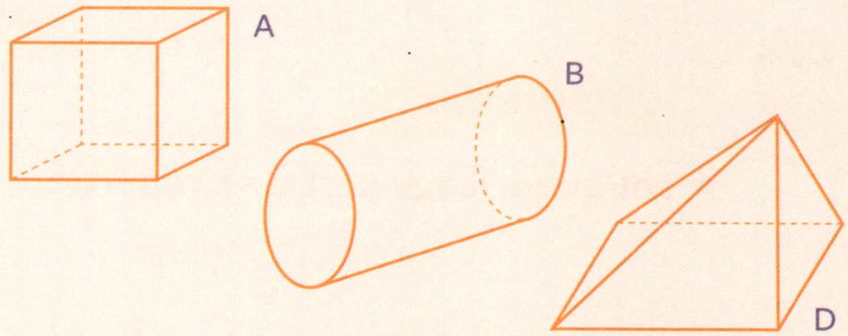

a. Le solide A est un cube. ☐ Vrai ☐ Faux

b. Le solide B est un cône. ☐ Vrai ☐ Faux

c. Le solide C est un pavé droit. ☐ Vrai ☐ Faux

d. Le solide D est une pyramide. ☐ Vrai ☐ Faux

2 **Complète.**

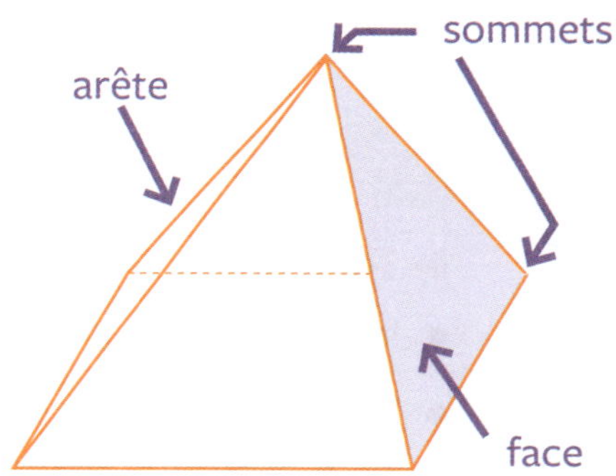

a. Ce solide possède .... arêtes.

b. Ce solide possède .... sommets.

c. Ce solide possède .... faces.

3 **Complète.**

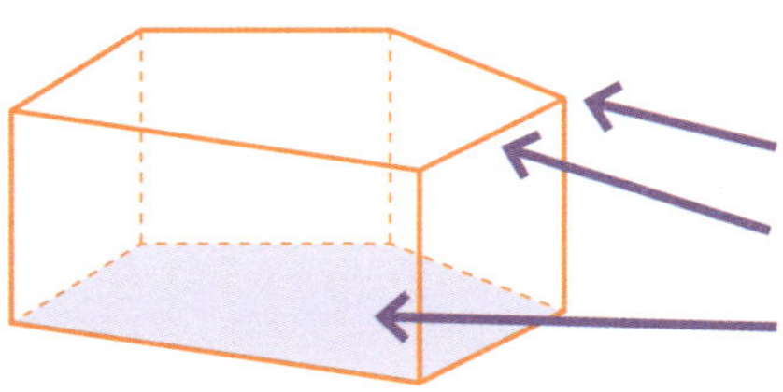

a. ....

b. ....

c. ....

jeu malin

Combien de pavés peux-tu compter?
Attention, certains pavés sont cachés.

....

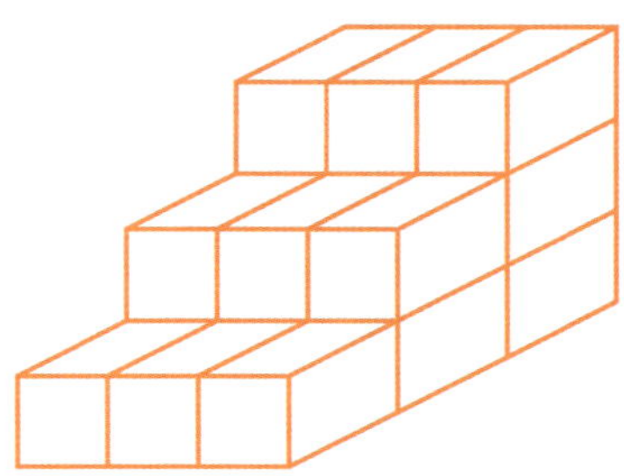

Bravo, tu as terminé ! Entoure ton smiley.

Corrigés page 25 du *Guide parents*

15 Les quadrillages

Pour commencer

Combien de cases y a-t-il dans un quadrillage de 4 sur 4 ?

J'apprends

▶ Un quadrillage sert à se repérer.

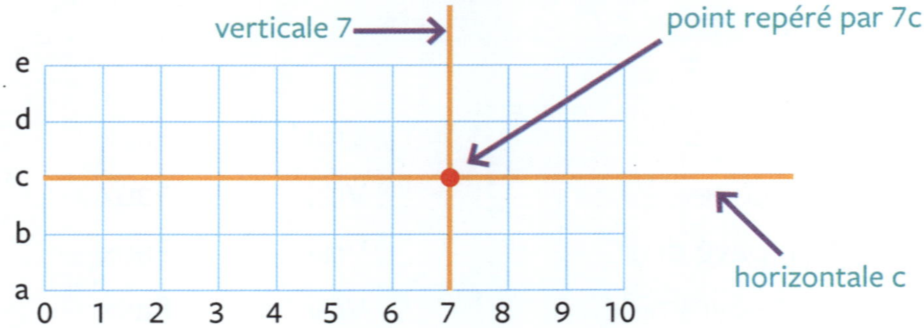

Je comprends comment faire

▶ Pour reproduire un dessin

- Je **repère** les **points** importants de la figure.
- Je **place** les **points** sur le nouveau quadrillage puis je **relie** les **points** pour obtenir le même dessin.

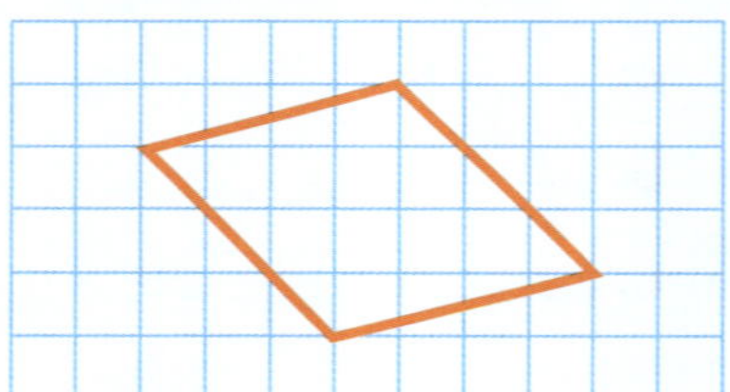

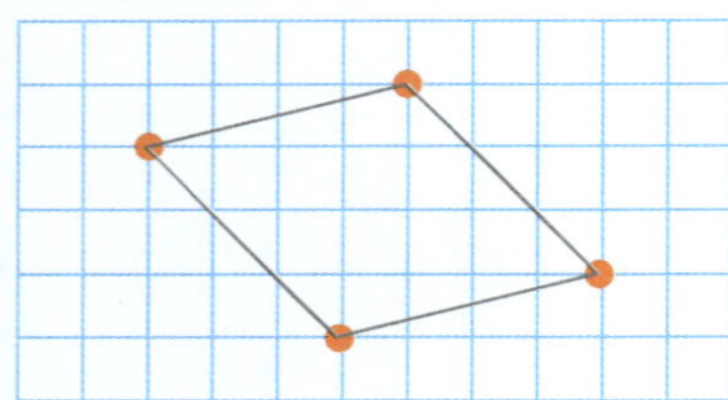

▶ Pour agrandir ou réduire un dessin

- Je **repère** les **points** importants de la figure sur le quadrillage de départ.
- Je **place** les **points** sur le nouveau quadrillage puis je **relie** les **points** pour obtenir le nouveau dessin.

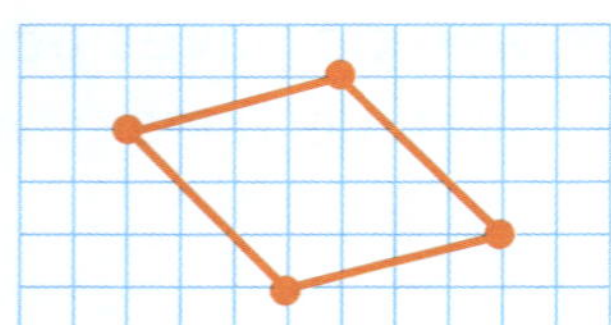

INFO PARENTS

Pour aider votre enfant à placer un point sur un quadrillage, proposez-lui d'utiliser la règle afin qu'il puisse bien suivre les lignes horizontales ou verticales.

Je m'entraine

1 QUIZ Coche les bonnes réponses.

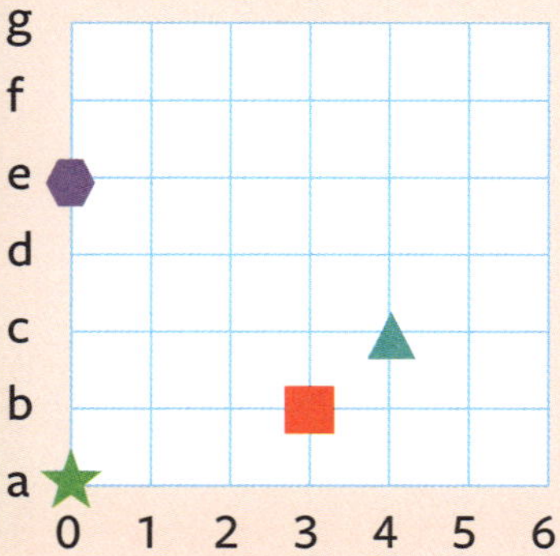

a. ⬢ est repéré par 0 f. ☐

b. ■ est repéré par 3 c. ☐

c. ★ est repéré par 0 a. ☐

d. ▲ est repéré par 4 d. ☐

2 a. Place sur le quadrillage les points repérés par :

A	B	C	D	E	F	G	H
1 e	6 f	7 h	8 f	13 e	8 d	7 b	6 d

b. Relie les points en suivant l'ordre alphabétique et relie H à A.

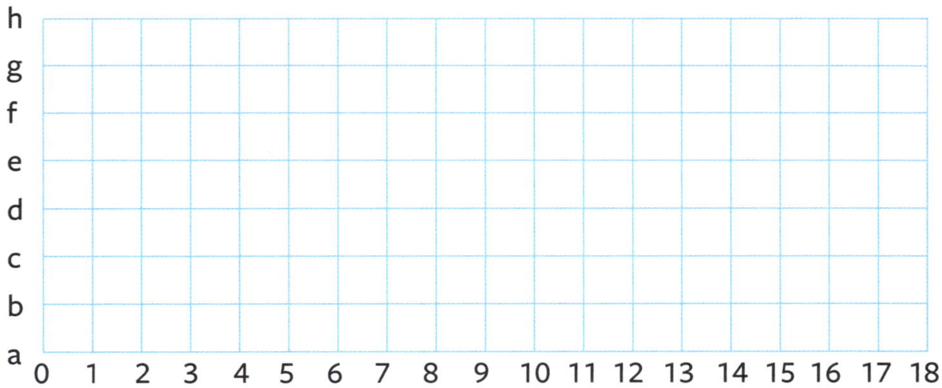

jeu malin

Trouve le mot caché.
Son code secret est : D2 C3 B5 E3 A4 E2 A5

....

	A	B	C	D	E
1	S	P	T	X	K
2	F	V	D	M	U
3	C	R	A	W	I
4	Q	J	H	O	N
5	E	G	Y	L	B

Bravo, tu as terminé ! Entoure ton smiley.

Corrigés page 25 du *Guide parents*

16 Symétrie

Pour commencer
Comment sont les 2 ailes d'un papillon ?

J'apprends

• Si on **plie** ces deux dessins suivant la droite en pointillé, les deux parties se superposent exactement.
On dit que ces figures géométriques ont un **axe de symétrie** qui est la **droite** en pointillé.

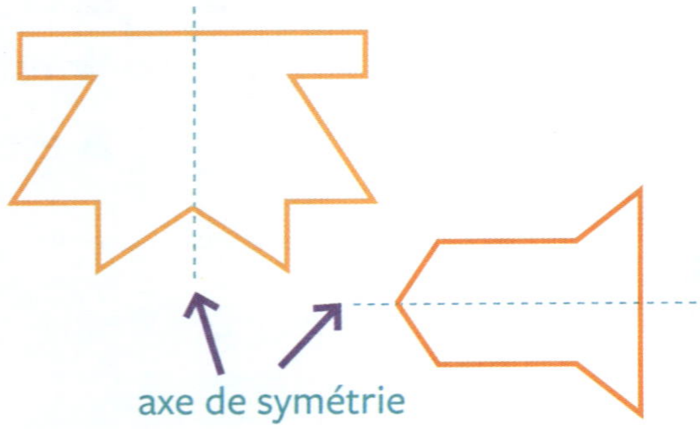

Je comprends comment faire

▶ Pour tracer le symétrique d'un dessin

• Pour chaque point, je compte le nombre de carreaux qui le séparent de l'axe.

– Je reporte le nombre de carreaux de l'autre côté de l'axe.

– Je place le point obtenu.

– En joignant dans l'ordre les points que l'on a placés, j'obtiens une figure symétrique.

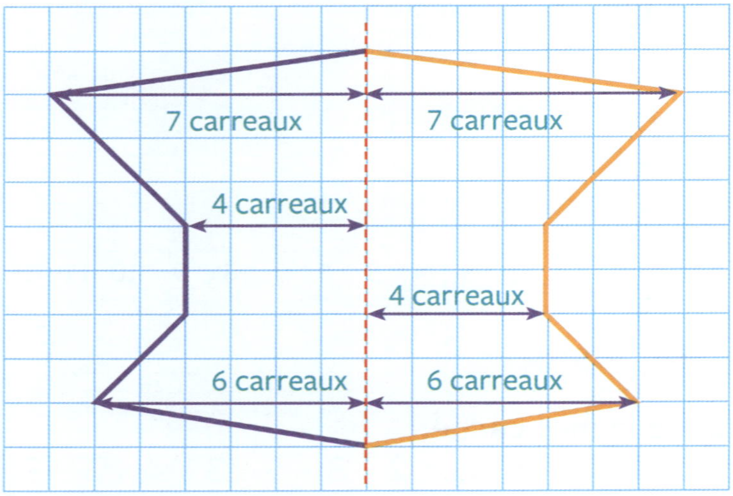

INFO PARENTS
Demandez à votre enfant de faire la figure ci-dessus ou de la décalquer. Ensuite, faites-lui vérifier par pliage la présence d'un axe de symétrie dans cette figure. Les deux parties de la figure se superposent alors exactement.

Je m'entraine

1 QUIZ **Coche les lettres qui ont un axe de symétrie.**

A ☐ Q ☐ F ☐ E ☐

2 **Trace pour chaque figure un axe de symétrie.**

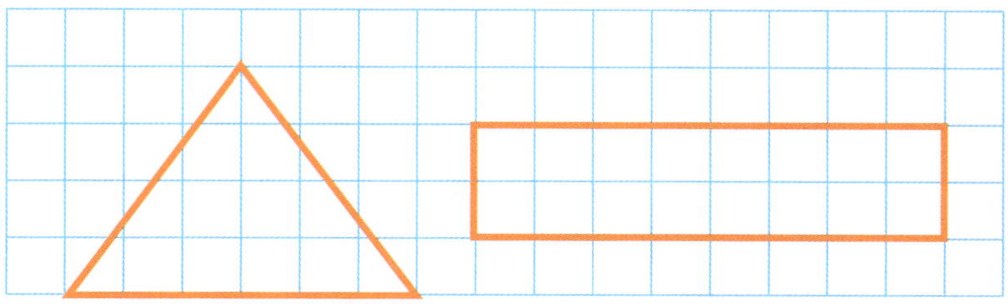

3 **Complète par symétrie.**

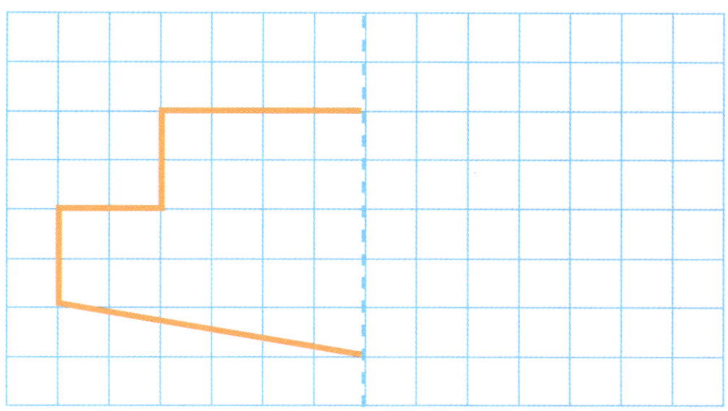

jeu malin

Quel est le papillon qui a un axe de symétrie?

Bravo, tu as terminé ! Entoure ton smiley.

Corrigés page 25 du *Guide parents*

17 La monnaie

Pour commencer

Si j'échange un billet de 100 € en billets de 20 €, combien de billets de 20 € vais-je recevoir ?

J'apprends

On utilise **des pièces et des billets en euros**.

1 €

2 €

5 €

10 €

20 €

50 €

100 €

Je comprends comment faire

▶ Pour échanger

10 € = 5 € + 5 € →

5 € = 2 € + 2 € + 1 € →

20 € = 10 € + 10 € →

▶ Pour rendre la monnaie

Je complète pour arriver à la somme donnée.

Pour rendre la monnaie de 43 € sur 100 €, je dois donner 57 €.

On a 2 € + 5 € + 50 € = 57 €.

INFO PARENTS

Expliquez à votre enfant que pour manipuler des sommes, il faut calculer chacune à partir des valeurs.
Ce n'est pas le nombre de pièces ou de billets qui importe mais leur valeur.

Je m'entraine

1 QUIZ Coche les réponses exactes.

a. Avec un billet de 100 € pour un achat de 45 €, on me rend 65 €. ☐

b. Avec un billet de 50 € pour un achat de 27 €, on me rend 23 €. ☐

c. Avec un billet de 200 € pour un achat de 146 €, on me rend 64 €. ☐

d. Avec un billet de 20 € pour un achat de 14 €, on me rend 6 €. ☐

2 Calcule les sommes.

a. 45 € + 23 € = ……………

b. 78 € + 250 € = ……………

c. 234 € + 125 € = ……………

3 Avec le plus petit nombre de pièces et de billets, comment obtenir :

a. 17 € ? ……………

b. 45 € ? ……………

4 Avec le plus petit nombre de billets, comment obtenir :

a. 250 € ? ……………

b. 150 € ? ……………

c. 275 € ? ……………

d. 305 € ? ……………

jeu malin

Devinette
Qui est le plus riche?

Pierre

Paul

Jacques

Bravo, tu as terminé ! Entoure ton smiley.

Corrigés page 25 du *Guide parents*

18 L'heure

Pour commencer

La classe commence à 8 h 30 le matin et se termine à 11 h 30. Combien de temps dure la classe le matin ?

J'apprends

- **Dans une semaine,** il y a **7 jours.**
- **Dans un jour,** il y a **24 heures.**
- **Dans une heure,** il y a **60 minutes.**
- L'heure est donnée par les horloges ou les montres au moyen d'aiguilles, ou par affichage digital. La **petite** aiguille indique les **heures**, la **grande aiguille** indique les **minutes**.

Il est 9 h 30 du matin ou neuf heures et demie.

Il est 3 h de l'après-midi ou quinze heures.

Je comprends comment faire

▶ Pour évaluer une durée

Une durée est une différence entre deux moments.

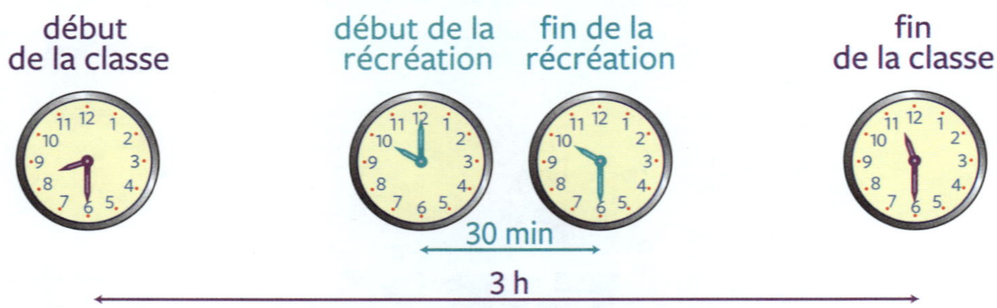

La récréation dure 30 minutes : 10h 30 min – 10 h = 30 min

La classe dure 3 heures: 11 h 30min – 8 h 30min = 3 h

INFO PARENTS

Donnez un réveil ou une montre à aiguilles à votre enfant pour qu'en faisant tourner les aiguilles il comprenne bien son fonctionnement et la lecture de l'heure.

Je m'entraine

1 QUIZ Coche les réponses exactes.

a. Il est six heures et demie. ☐

c. Il est dix heures. ☐

b. Il est trois heures et demie. ☐

d. Il est huit heures. ☐

2 Voici un extrait des programmes télé.

20 h → infos
20 h 30 → météo
20 h 45 → film

Quelle est la durée des infos ?

....

3 C'est l'après-midi.

Quelle heure est-il ?

....

4 C'est le soir.

Quelle heure est-il ?

....

5 C'est l'après-midi.
Donne l'heure avec un affichage digital.

.... h .... min

jeu malin

Il y a une horloge qui avance, une autre qui retarde.
Quelle est l'horloge qui indique la bonne heure ?

☐

☐

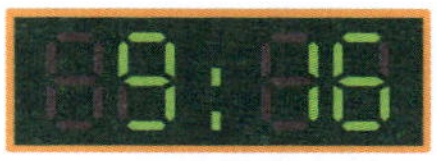

☐

Bravo, tu as terminé ! Entoure ton smiley.

Corrigés page 26 du *Guide parents*

19 Les mesures de longueurs

Pour commencer
Combien mesures-tu ?

J'apprends

- Ces deux bandes ont la même longueur car elles peuvent se superposer parfaitement.

- **L'unité de longueur est le mètre**, on écrit **m**.

Il y a aussi :
– le **centimètre** (cm) **1 m = 100 cm**
– le **décimètre** (dm) **1 dm = 10 cm**
– le **kilomètre** (km) **1 km = 1000 m**

▶ Pour choisir l'unité qui convient

Mon cahier mesure 27 **cm**.
J'habite à 500 **m** de l'école.
La distance entre Paris et Rouen est 158 **km**.

Je comprends comment faire

▶ Pour mesurer avec un double décimètre

Je place le zéro de la graduation à l'extrémité du segment que je mesure et je lis la graduation qui correspond à l'autre extrémité.

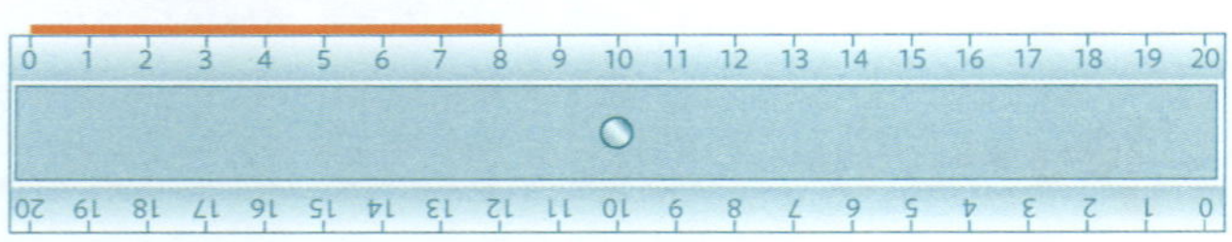

▶ Pour exprimer une longueur en mètre et centimètre

260 cm = 200 cm + 60 cm = 2 m 60 cm

4 m 35 cm = 400 cm + 35 cm = 435 cm

INFO PARENTS

Pour aider votre enfant à bien mesurer un segment, dites-lui de bien faire coïncider le zéro de la graduation du double décimètre avec une extrémité du segment.

Je m'entraine

1 QUIZ Coche les bonnes réponses.

a. 1 km = 100 m ☐

b. La hauteur d'une table s'exprime en km. ☐

c. 1 m = 100 cm ☐

d. La distance entre Paris et Marseille s'exprime en km. ☐

2 Complète.

a. 175 cm = 1 m .... cm

b. 305 cm = 3 m .... cm

c. 3 m 48 cm = ... cm

d. 2 m 50 cm = ... cm

3 a. Combien mesurent les segments suivants?

b. Classe-les du plus petit au plus grand.

....

4 Résous ce problème.

Quelle est la longueur de cette ligne brisée?

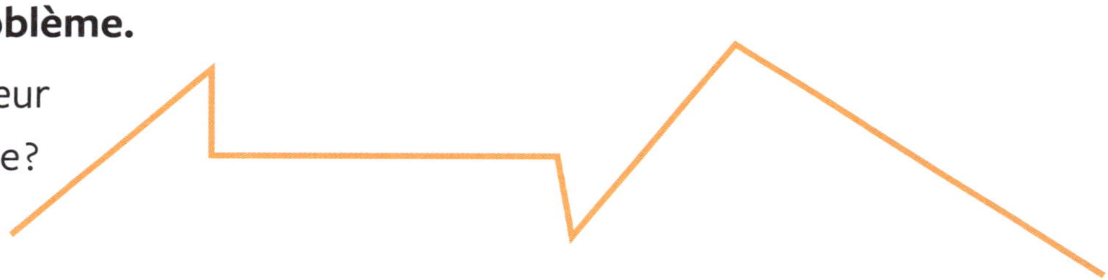

....

jeu malin

Trace le chemin le plus court pour aller de D vers A en suivant les lignes de quadrillage.

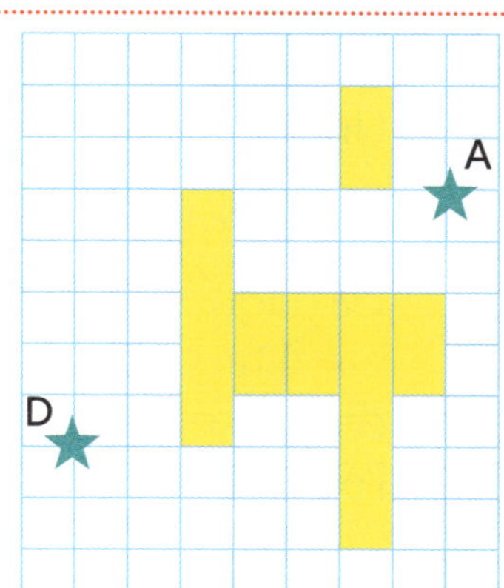

Bravo, tu as terminé ! Entoure ton smiley.

Corrigés page 26 du *Guide parents*

20 Les masses et les contenances

Pour commencer
Quel est ton poids ?

J'apprends

▶ Comparer des masses

• Une **unité de masse** est le **kilogramme**, on écrit **kg**.
Une autre unité est le **gramme** (**g**). **1 kg = 1000 g**
Dans la vie courante, on utilise le mot **poids** au lieu du mot masse.

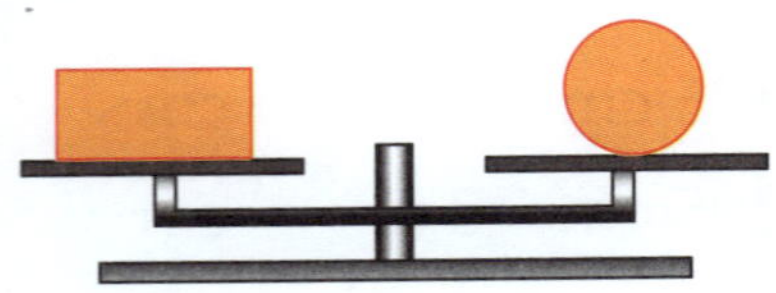

• Quand la balance est en équilibre, les deux objets ont la même masse.

• Quand la balance n'est pas en équilibre, l'objet le plus lourd est dans le plateau le plus bas.

 **est plus lourd que**  **ou**  **est plus léger que** 

▶ Connaitre des unités de contenance

Une **unité de contenance** est le **litre**, on écrit **L**.

Je comprends comment faire

▶ Pour choisir l'unité qui convient

Une pièce de 1 euro a une masse de 7 **g**.
Une baguette de pain a une masse de 250 **g**.
Un sac de pommes de terre a une masse de 25 **kg**.

▶ Pour trouver une masse

Le paquet  a une masse de 300 g car il faut mettre 3 masses de 100 g dans le plateau de la balance pour obtenir l'équilibre.

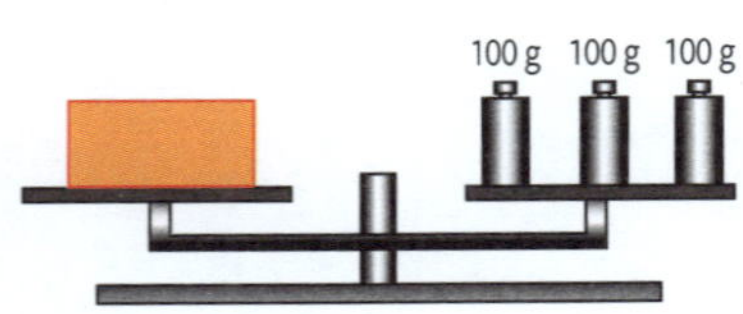

INFO PARENTS

Vous pouvez proposer à votre enfant de lire une recette de gâteau et ensuite lui demander de peser les ingrédients avec une balance de cuisine.

Je m'entraine

1 QUIZ Coche Vrai ou Faux.

a. 4000 g = 40 kg ☐ Vrai ☐ Faux
b. 5 kg = 5000 g ☐ Vrai ☐ Faux
c. Ton poids s'exprime en gramme. ☐ Vrai ☐ Faux
d. La contenance d'une bouteille s'exprime en litre. ☐ Vrai ☐ Faux

2 Complète.

a. 1 kg = ... g
b. 5000 g = ... kg
c. 7 kg = ... g
d. 8 kg = ... g

3 Lequel est le plus léger ?

....

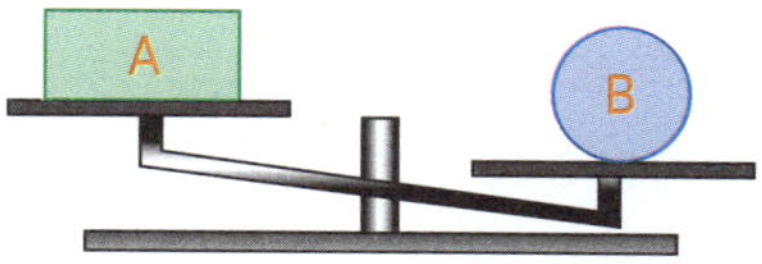

4 Quelle est la masse du sac ?

....

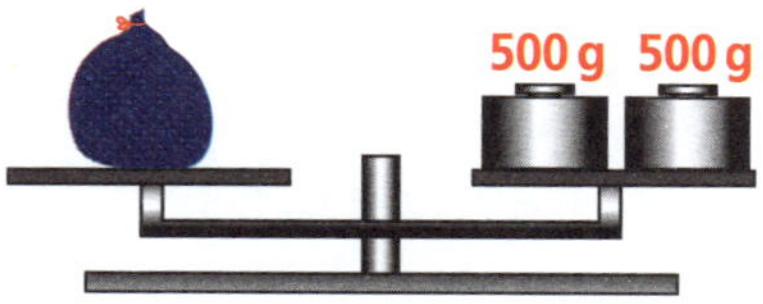

5 Quelle est la masse du paquet ?

....

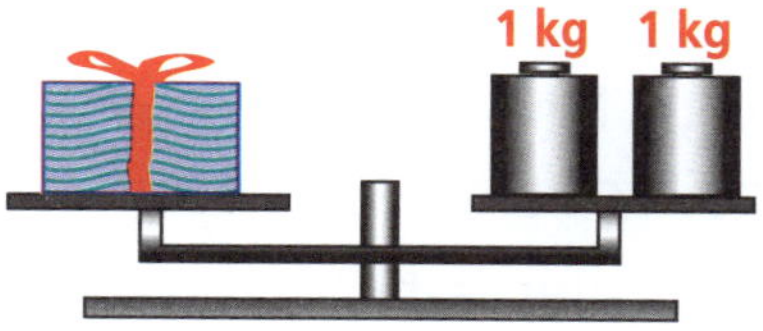

jeu malin

Qui est le plus lourd, la boite ou le sac ?

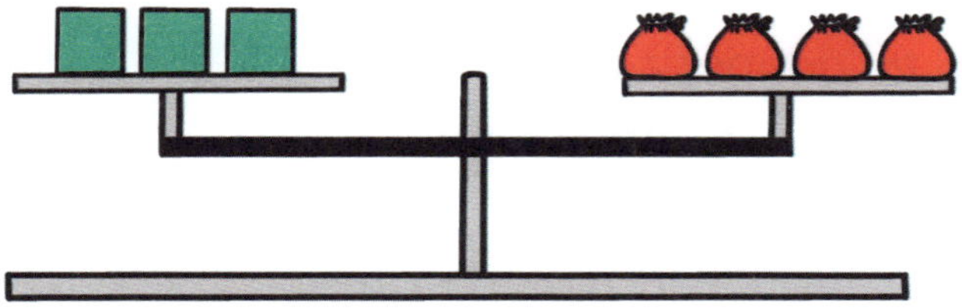

....

Bravo, tu as terminé ! Entoure ton smiley.

Corrigés page 26 du *Guide parents*

21 Résolution de problèmes

Pour commencer

Dans le poulailler, il y a 8 pintades et le double de poules. Quel est le nombre de poules ?

J'apprends

- Dans un problème les informations sont fournies par **l'énoncé** qui peut être : un **texte**, un **dessin**, un **graphique**.
- Les informations peuvent être :

– des **nombres**. Jean achète 5 croissants à 1 euro l'un.

– des **mots**. En **un mois**, ma collection de timbres a **doublé**.

- Pour résoudre un problème il faut :

– bien **lire** le texte ou **observer** les images ;

– lire les **questions** ;

– chercher ce qui est **utile** pour y répondre.

Je comprends comment faire

▶ Pour savoir reconnaitre ce qui est utile au problème

Tous les jours de la semaine, Éric achète 1 journal qui coute 1 euro et un paquet de 10 images coutant 3 euros.

Combien a-t-il acheté d'images en une semaine ?

70 car $10 \times 7 = 70$.

1 et 3 sont inutiles pour résoudre le problème.

▶ Pour résoudre des problèmes de distribution

Martin veut distribuer 12 billes à ses 4 camarades.

Combien doit-il en donner à chacun ?

Si Martin en donne une à chacun, il aura distribué 4 billes.

Si il en donne 2, il aura distribué $4 + 4$ billes.

Enfin, si il en donne 3, il aura distribué $4 + 4 + 4$ billes.

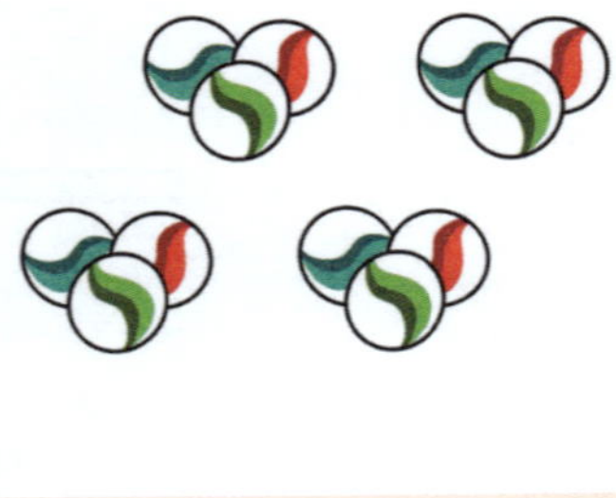

INFO PARENTS

Pour résoudre un problème, votre enfant doit trouver l'opération à effectuer. Pour l'aider, vous pouvez lui demander de raconter l'énoncé et d'expliciter la question qui est posée.

Je m'entraine

1 **QUIZ** **Coche Vrai ou Faux.**

a. J'achète 7 paquets de bonbons à 3 € l'un.
Combien dois-je payer? 21 € ☐ Vrai ☐ Faux

b. Un match de football a 2 mi-temps de 45 minutes et une pause de 15 minutes. **Combien dure un match? 60 minutes** ☐ Vrai ☐ Faux

c. Je partage avec mes 3 copains un paquet de 30 biscuits.
Quelle est la part de chacun? 10 biscuits ☐ Vrai ☐ Faux

d. J'ai 8 ans et ma sœur en a le double.
Quel est l'âge de ma sœur? 4 ans ☐ Vrai ☐ Faux

2 Paul achète une douzaine d'éclairs au chocolat à 2 € l'un.

Combien va-t-il payer? ....

3 Éric et ses 4 camarades ont ramassé chacun 3 kg de fraises pour faire de la confiture. Dans la recette d'Éric, il faut mettre autant de sucre que de fraises.

Quelle quantité de sucre doivent-ils ajouter aux fraises? ....

4 En un mois, la famille Valentin a consommé 60 yaourts vendus par paquets de 12. **Combien de paquets de yaourts la famille a-t-elle achetés?**

....

jeu malin

Devinette
Combien y a-t-il de petits cubes dans le grand?

....

Bravo, tu as terminé ! Entoure ton smiley.

Corrigés page 26 du *Guide parents*

TEMPS
EMC
ESPACE

Temps

Date | Évaluation

Enseignement moral et civique

Espace

1 Le découpage du temps

Pour commencer

Quels sont les jours de la semaine ?

J'apprends

Pour se repérer dans le temps, les hommes ont observé **des phénomènes qui revenaient régulièrement** et leur ont donné des noms.

La Terre éclairée par le Soleil

- La Terre est éclairée par le Soleil. Elle met **24 heures** pour tourner sur elle-même. C'est la durée d'**un jour**.

Les hommes ont inventé **la semaine** qui comprend **7 jours** : lundi, mardi, mercredi, jeudi, vendredi, samedi, dimanche.

- La Terre tourne autour du Soleil en **365 jours**, la durée d'**une année**. Une année sur quatre dure **366 jours** : c'est une **année bissextile**.

Les hommes ont découpé **l'année** en **12 mois** : janvier, février, mars, avril, mai, juin, juillet, aout, septembre, octobre, novembre, décembre. Les mois durent **28, 30 ou 31 jours**.

Je comprends comment faire

▶ Pour connaitre le nombre de jours dans un mois

- Lorsque tes mains sont fermées, tu vois des bosses et des creux.

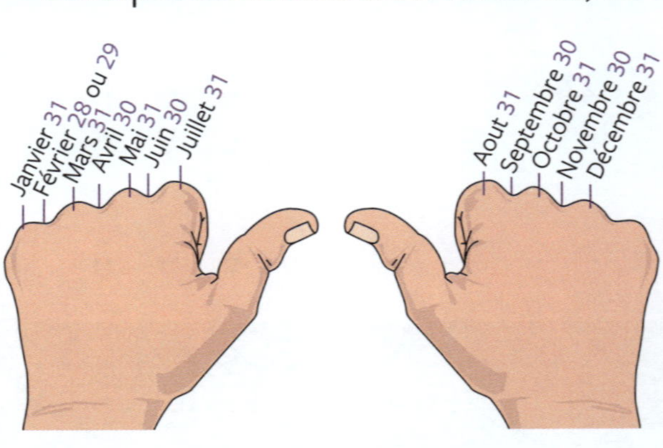

– Sur **une bosse**, le mois possède **31 jours**. Lorsque c'est **un creux**, le mois a **30 jours**.

– **Fais attention au mois de février !** Il n'a que 28 jours ou 29 jours les années bissextiles.

INFO PARENTS

Votre enfant peut utiliser un globe et une lampe de poche qui représente le Soleil. Il repère la France, puis il l'éclaire (c'est le jour) ; il tourne le globe d'un demi-tour, son repère sera dans l'obscurité. Il se rendra ainsi compte des cycles jour/nuit.

Je m'entraine

1 QUIZ **Coche Vrai ou Faux.**

a. Le Soleil tourne autour de la Terre en 365 jours. ☐ Vrai ☐ Faux

b. Le mois de mars a 31 jours. ☐ Vrai ☐ Faux

c. Dans une semaine, il y a 7 nuits. ☐ Vrai ☐ Faux

d. Le mois qui suit décembre est le mois de janvier. ☐ Vrai ☐ Faux

2 **Lis l'emploi du temps de Félix.**

a. Entoure les jours où Félix va en classe.

b. Quelle activité fait-il la veille du jeudi?

....

c. Quelle activité fait-il le surlendemain du jeudi? ....

d. Quel évènement a lieu le lendemain du vendredi? ....

	MATIN	APRÈS-MIDI
lundi	*école*	*école*
mardi	*école*	*école*
mercredi	*école*	*équitation*
jeudi	*école*	*école*
vendredi	*école*	*école*
samedi	*musique*	*anniversaire de Léa*
dimanche	*repos*	*repos*

Pour t'aider :
- Le surlendemain est le jour qui suit le lendemain.

jeu malin

Autrefois, on a donné le nom aux jours de la semaine en s'inspirant du nom de la Lune et des planètes.

Écris les noms d'origine des jours de la semaine en t'aidant du code.

A	C	E	I	J	L	M	N	O	P	R	S	T	U	V
1	2	3	4	5	6	7	8	9	10	11	12	13	14	15

a. lundi → 6-14-8-3 ....

b. mardi → 7-1-11-12 ....

c. mercredi → 7-3-11-2-14-11-3

....

d. jeudi → 5-14-10-4-13-3-11

....

e. vendredi → 15-3-8-14-12

....

f. samedi → 12-1-13-14-11-8-3

....

g. dimanche → 12-9-6-3-4-6 (*Sunday* en anglais) ....

Bravo, tu as terminé ! Entoure ton smiley. 😐 🙂 😀

Corrigés page 27 du *Guide parents*

2 Les calendriers

Pour commencer

Quels sont les mois de l'année ?

J'apprends

Les hommes ont inventé les calendriers **pour se repérer dans le déroulement du temps**.

- Les calendriers indiquent les années, les mois, les jours et leur numéro dans le mois. Ils peuvent aussi signaler les fêtes.
- Pour compter les années, **le calendrier civil** se base sur la naissance de Jésus-Christ en l'an 1.
Chaque année **débute le 1er janvier et finit le 31 décembre**.
- **Le calendrier scolaire** présente l'année des élèves. **Il commence début septembre et se termine début juillet**.
- Notre calendrier est utilisé dans presque tous les pays.
Mais il existe aussi des **calendriers religieux ou traditionnels** comme le calendrier musulman, le calendrier hébraïque ou le calendrier chinois.

Je comprends comment faire

Jour de l'an	vendredi 1er janvier
Lundi de Pâques	lundi 5 avril
Fête du Travail	samedi 1er mai
Armistice de 1945 (fin de la Seconde Guerre mondiale)	samedi 8 mai
Ascension	jeudi 13 mai
Lundi de Pentecôte	lundi 24 mai
Fête nationale	mercredi 14 juillet
Assomption	dimanche 15 aout
Toussaint	lundi 1er novembre
Armistice de 1918 (fin de la Première Guerre mondiale)	jeudi 11 novembre
Noël	samedi 25 décembre

Jours fériés en 2021

▶ Pour identifier les jours fériés

- Les **jours fériés** sont des jours où la plupart des Français ne travaillent pas.

→ En rouge, ce sont des fêtes religieuses chrétiennes.

→ En bleu ce sont **des commémorations**. Elles se déroulent toujours à la même date.

→ Le Jour de l'an est la fête qui célèbre le début de l'année.

INFO PARENTS

Demandez à votre enfant d'utiliser quotidiennement un calendrier sur lequel il repère avec des couleurs différentes les week-ends, les jours fériés, les jours de classe et les vacances.

Je m'entraine

1 QUIZ Coche les bonnes réponses.

a. Pour se repérer dans le déroulement du temps, les hommes ont inventé :
☐ les livres. ☐ les calendriers. ☐ le Soleil.

b. Dans une année, le nombre de jours fériés est : ☐ 18. ☐ 11. ☐ 30.

c. Quand on fête un événement historique, c'est :
☐ une commémoration. ☐ le début de l'année.

d. La fête nationale se fête toujours le : ☐ 14 juillet. ☐ 1er mai. ☐ 25 décembre.

e. On offre du muguet pour : ☐ le jour de l'an. ☐ Noël. ☐ la fête du travail.

f. Le calendrier civil se termine : ☐ le 30 juin. ☐ le 14 juillet. ☐ le 31 décembre.

2 Observe ce calendrier et le document de la page 108.
Écris Vrai ou Faux.

a. Le mois commence un lundi. ....

b. Le mois précédent est le mois d'octobre. ....

c. Il y a 5 jeudis dans le mois. ....

d. Le 16 novembre est un mercredi. ....

e. L'Armistice de 1918 est un dimanche. ....

f. La Toussaint est un lundi. ....

g. Le 1er décembre est un mercredi. ....

NOVEMBRE 2021

L	M	Me	J	V	S	D
1	2	3	4	5	6	7
8	9	10	11	12	13	14
15	16	17	18	19	20	21
22	23	24	25	26	27	28
29	30					

jeu malin

Retrouve puis entoure les mots suivants dans la grille.
calendrier, civil, fête, férié, scolaire, temps

T	E	M	G	I	O	X	U	C	L	E
E	C	A	L	E	N	D	R	I	E	R
M	A	I	L	U	D	Z	W	V	Y	F
P	E	T	S	C	O	L	A	I	R	E
S	C	O	F	Q	U	O	N	L	O	T
E	F	E	R	I	E	D	U	P	R	E

Bravo, tu as terminé ! Entoure ton smiley. 😐 🙂 😀

Corrigés page 27 du *Guide parents*

3 L'évolution de l'habitat

Pour commencer

Où vivaient les premiers hommes ?

J'apprends

Les hommes ont toujours cherché puis fabriqué des abris pour **se protéger** des rigueurs du climat et des animaux dangereux.

- **Les hommes préhistoriques** vivent d'abord **dans des grottes** ou **des huttes**. Puis, ils fabriquent **des maisons en bois et en terre**.
- **Les Gaulois** ont des maisons plus solides **avec des toits qui descendent presque jusqu'au sol**.
- **Au Moyen Âge**, il faut se protéger des invasions. **Des châteaux forts** sont construits en bois puis en pierre.
- **À partir du XIXe siècle**, les villes sont plus peuplées. On construit **des immeubles** pouvant accueillir plusieurs familles.
- **À partir des années 1950**, on construit **des tours** avec l'électricité, le gaz et les sanitaires.
- **Les années 2000** marquent l'apparition **de matériaux écologiques** comme le bois. Les nouveaux habitats sont plus autonomes (énergie) et mieux isolés.

Je comprends comment faire

▶ Pour lire et interpréter le plan d'une maison romaine

- Cette maison comporte 3 chambres (n° 1). Plusieurs espaces sont à ciel ouvert comme le jardin (n° 2). Les habitants prennent leurs repas à côté de la piscine (n° 3). Ils boivent l'eau de pluie du bassin (n° 4).

– Pendant l'Antiquité, **les riches Romains vivent dans de grandes maisons confortables, appelées villas**.

INFO PARENTS

Lors de vos déplacements, n'hésitez pas à visiter des châteaux, grottes ou reconstitutions d'habitations anciennes.

Je m'entraine

1 QUIZ Coche la bonne réponse.

a. Les hommes préhistoriques vivent dans des grottes. ☐ Vrai ☐ Faux
b. Les Gaulois vivent dans des châteaux forts. ☐ Vrai ☐ Faux
c. Au Moyen Âge, on habite dans des immeubles. ☐ Vrai ☐ Faux
d. À partir de 1950, les hommes habitent dans des grottes. ☐ Vrai ☐ Faux
e. Les hommes fabriquent des maisons pour se protéger. ☐ Vrai ☐ Faux

2 Remets dans l'ordre ces habitats, du plus ancien au plus récent.

a. reconstitution d'une maison gauloise

b. une grotte

c. une tour

d. un château

jeu malin

La fin des phrases a été écrite en miroir.
Récris-la en commençant par la dernière lettre.

a. Une grotte est un bon IRBA. ....
b. Une maison gauloise est plus EDILOS. ....
c. Une tour de 20 étages permet de loger beaucoup de SENNOSREP. ....
d. Un château fort protège SNOISAVNI SED. ....

Bravo, tu as terminé ! **Entoure ton smiley.**

Corrigés page 27 du *Guide parents*

4 Les vêtements à travers le temps

Pour commencer

Comment les hommes préhistoriques s'habillaient-ils ?

J'apprends

Pour se protéger du froid, du soleil, de la pluie ou de la neige, les hommes fabriquent depuis toujours des vêtements.

- **Les hommes préhistoriques** se recouvrent **de peaux de bêtes** jusqu'à l'**invention du métier à tisser.**
- Durant l'Antiquité, **les Gaulois** portent **une tunique et des braies** (ancêtre du pantalon).
- **Au Moyen Âge**, les femmes s'habillent de robes longues et les hommes d'habits plus courts. Pour les plus riches, le vêtement doit être beau**. C'est le début de la mode**.
- Sous **Louis XIV**, les hommes et les femmes portent **des perruques**.
- **Les pantalons** longs reviennent avec **la Révolution**.
- De nos jours, les habits sont plus **variés**. Beaucoup de personnes s'habillent en sportswear (jeans, teeshirt, baskets...).

Je comprends comment faire

▶ Pour situer des évènements sur une frise

- On utilise **une frise** pour noter les évènements dans l'ordre où ils se sont déroulés : le plus ancien à gauche et le plus récent à droite.

→ Sur cette bande, **les grandes périodes de l'Histoire** sont notées. Des dessins représentent les principaux vêtements de chaque période.

INFO PARENTS

Vous pouvez demander à votre enfant d'inventer et dessiner de nouveaux vêtements.

Je m'entraine

1 QUIZ Coche Oui ou Non.

a. Les braies datent de la Préhistoire. ☐ Oui ☐ Non
b. Les Gaulois portaient des tuniques. ☐ Oui ☐ Non
c. Les hommes préhistoriques avaient des perruques. ☐ Oui ☐ Non
d. La mode est née au Moyen Âge. ☐ Oui ☐ Non

2 En t'aidant de la frise de la page 112, écris pour chaque habit la période historique à laquelle il appartient.

a. les braies : ....
b. le pantalon : ....
c. les peaux de bête : ....
d. le jean : ....
e. la robe longue : ....
f. la perruque : ....

jeu malin

À l'aide du code, écris les noms des différentes parties des habits du début des temps modernes.

a. ♓💧★☼♍ȣ ....
b. ♌⌑♒♊⌖□ ....
c. ★♍♈□ ....
d. ♈☼♍❄♈☼💧♒☸ ....
e. ✪❄⌑💧▶□ ....
f. ♊⌖⌑♍▶▶□▶ ....

A	B	C	E	F	H	I	J	M	N	O	P	R	S	T	U	X
⌑	♓	♊	□	✪	⌖	💧	★	♌	♒	☼	♈	❄	▶	☸	♍	ȣ

Bravo, tu as terminé ! Entoure ton smiley. 😐 🙂 😀

Corrigés page 27 du *Guide parents*

5 Les règles à la piscine

Pour commencer
Une fois équipé(e), que doit-on faire avant d'entrer dans le bassin ?

J'apprends

À la piscine, comme à l'école ou dans la rue, il y a **des règles pour garantir la sécurité et le bien-être de tous**.

• Pour ne pas apporter trop de microbes de l'extérieur, il faut respecter **quelques règles d'hygiène**.

Les nageurs portent **un bonnet de bain** pour éviter que des paquets de cheveux ne se retrouvent à flotter dans l'eau.

Avant d'entrer dans le bassin, ils passent **aux toilettes**, sous **la douche** puis dans **le pédiluve**, pour que l'eau de la piscine reste propre.

• Les nageurs doivent également respecter **des règles de sécurité**.

Ils ne doivent **ni crier**, **ni se pousser, ni se couler**.

Les sols étant glissants, ils ne doivent **pas courir**.

Je comprends comment faire

▶ Pour donner l'alerte

1. Je reconnais la situation.

• Lorsqu'une personne se noie, elle **ne peut pas crier ou faire de grands gestes**.

• Elle **ferme ses yeux** et effectue **des battements avec ses mains**.

2. J'agis.

• On peut **envoyer une frite ou une bouée**, puis **prévenir les maitres-nageurs-sauveteurs**. Ils portent un teeshirt avec les lettres **MNS**.

• **En aucun cas, il ne faut plonger pour aider soi-même la personne qui se trouve en difficulté**.

INFO PARENTS

Lorsque vous allez à la piscine avec votre enfant, prenez le temps de lui montrer les MNS.

Je m'entraine

1 QUIZ Coche Vrai ou Faux.

a. À la piscine, il y a des règles de sécurité et d'hygiène.	☐ Vrai	☐ Faux
b. Les bonnets de bain permettent de ne pas avoir froid.	☐ Vrai	☐ Faux
c. Il est interdit de s'amuser.	☐ Vrai	☐ Faux
d. Il est interdit de courir, de se pousser et de se couler.	☐ Vrai	☐ Faux
e. En cas de problème, il faut alerter un MNS.	☐ Vrai	☐ Faux

2 Coche les situations qui représentent un danger.

☐ 
a

☐ 
b

☐ 
c

☐ 
d

☐ 
e

☐ 
f

☐ 
g

jeu malin

Écris dans la grille les mots représentés par les dessins.

a

b

c

a.

b.

c.

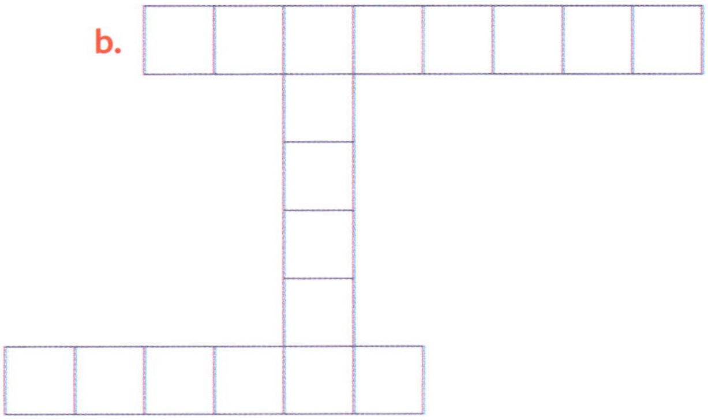

Bravo, tu as terminé ! Entoure ton smiley.

Corrigés page 27 du *Guide parents*

6 La sécurité routière

Pour commencer
Sais-tu faire la différence entre la chaussée et le trottoir ?

J'apprends

Des règles permettent de **se déplacer en sécurité**.

- En ville, **les piétons** empruntent **les trottoirs**. À la campagne, ils se déplacent **sur le bas-côté**. **Les véhicules** roulent **sur la chaussée**.
- Pour traverser, il y a des **passages pour piétons** souvent accompagnés de **feux**. Avant de traverser, on **regarde des deux côtés**.
- Sur les trottoirs, il peut y avoir **différents dangers** : des travaux, des sorties de parking... Pour se protéger, mieux vaut **s'en écarter**.
- **Plusieurs personnes partagent le trottoir**. Certaines sont arrêtées, d'autres se déplacent lentement. Pour éviter un accident, il est important que chacun regarde et fasse **attention aux autres**.

Je comprends comment faire

▶ Pour lire les panneaux de signalisation

Danger

Interdiction

Obligation

1. J'observe les panneaux.

Les panneaux sont triangulaires ou ronds, bleus ou rouges.

2. Je comprends leur signification.

Selon la couleur et la forme, les panneaux donnent des informations différentes :
– triangulaires et rouges, c'est **un danger** ;
– ronds et bordés de rouge, c'est **une interdiction** ;
– ronds sur fond bleu, c'est **une obligation** ;
– triangulaires sur fond jaune, c'est **un danger temporaire**.

→ Le panneau rond bordé de rouge avec un piéton signifie que l'accès est interdit aux piétons.

INFO PARENTS

Vous pouvez demander à votre enfant d'inventer et dessiner les panneaux des règles de vie à la maison ou à l'école.

Je m'entraine

1 QUIZ Coche Vrai ou Faux.

a. Lorsque le feu est rouge, le piéton peut traverser. ☐ Vrai ☐ Faux

b. Les véhicules roulent sur la chaussée. ☐ Vrai ☐ Faux

c. Sur les trottoirs, il peut y avoir plusieurs dangers. ☐ Vrai ☐ Faux

d. Les panneaux triangulaires indiquent une interdiction. ☐ Vrai ☐ Faux

2 Écris les numéros au bon endroit : trottoir (1) – chaussée (2) – bas-côté (3)

Une rue

Une route

3 Sur le dessin de la rue, entoure les cinq dangers.

jeu malin

Entoure les mots suivants dans la grille.

feu, moto, panneau, parking, piéton, trottoir, voiture

U	P	E	R	T	I	P	A	G	E
D	A	P	A	R	K	I	N	G	O
M	N	I	L	O	F	A	R	H	O
S	N	O	I	T	E	M	K	G	B
F	E	U	V	T	I	O	X	C	A
W	A	D	V	O	I	T	U	R	E
H	U	T	E	I	J	O	R	U	T
C	A	R	T	R	O	T	A	S	I
P	I	E	T	O	N	C	K	O	P

Bravo, tu as terminé ! Entoure ton smiley.

Corrigés page 27 du *Guide parents*

7 Les symboles de la République

Pour commencer
Quelles sont les couleurs du drapeau français ?

J'apprends

Depuis la Révolution française en 1789, **la France est une République**. Le pouvoir appartient aux citoyens alors qu'avant c'était un roi qui décidait de tout.

- La République française se reconnait à **son drapeau** bleu, blanc, rouge.
- La République est **représentée par une femme, Marianne**. Son bonnet est **un bonnet phrygien** autrefois porté par les esclaves libérés.
- **L'hymne national** de la France est *La Marseillaise*. Il a été composé en 1792 par Rouget de Lisle. Il a été repris par des Marseillais, qui lui ont donné son nom.
- Tous les **14 juillet**, **la fête nationale** célèbre la Révolution.

Je comprends comment faire

▶ Pour repérer et comprendre la devise de la France

1. J'observe les documents.
Sur **la pièce** et **le timbre**, je repère les mots *liberté, égalité, fraternité*.

2. Je comprends.

- ***Liberté, Égalité, Fraternité* est la devise de la France**, c'est ce qui la caractérise.

– Dans notre pays, toutes les personnes peuvent **penser et parler librement**.
– Elles ont **les mêmes droits** et doivent toutes respecter la loi.
– La France apporte **de l'aide aux personnes en difficulté**.

- On trouve aussi la devise sur les bâtiments publics (mairie, école…).

INFO PARENTS
Demandez à votre enfant d'identifier les différents symboles de la ville ou du département où il habite (devise, armoiries, sceau, drapeau…).

Je m'entraine

1 QUIZ Coche les symboles de la République française.

a ☐

b ☐

c ☐

d ☐

e ☐

f ☐

2 Lis le texte et réponds à l'oral aux questions.

a. Comment s'appelle notre hymne national ?

b. D'où vient son nom ?

c. Qui a écrit cet hymne ?

d. À quelles occasions cet hymne est-il chanté ?

e. Qu'est-il habituel de faire lorsqu'on entend ce chant ?

AUX ARMES, CITOYENS, FORMEZ VOS BATAILLONS, MARCHONS, MARCHONS ! QU'UN SANG IMPUR ABREUVE NOS SILLONS !

jeu malin

Utilise le code pour compléter les phrases.

A	D	E	F	H	I	M	N	P	R	S	T	U	V	Y
1	2	3	4	5	6	7	8	9	10	11	12	13	14	15

a. Le 2-10-1-9-3-1-13 .... de la France est bleu, blanc, rouge.

b. 7-1-10-6-1-8-8-3 .... représente la République française.

c. *La Marseillaise* est notre 5-15-7-8-3 ....

d. *Liberté, égalité, fraternité* est notre 2-3-14-6-11-3 ....

e. Le 14 juillet, c'est la 4-3-12-3 .... nationale.

Bravo, tu as terminé ! Entoure ton smiley. 😐 🙂 😀

Corrigés page 28 du *Guide parents*

8 Le maire et le conseil municipal

Pour commencer

Quelles sont les missions du maire ?

J'apprends

Tous les six ans, **les citoyens de chaque commune** élisent leurs représentants au conseil municipal. **Les conseillers municipaux** votent ensuite pour désigner **le maire**.

- **Le maire** représente l'État. Il fait **respecter les lois** et **organise les élections**. Il célèbre les **mariages**, enregistre les **naissances** et les **décès**.
- **Le conseil municipal** décide de **la construction et de l'entretien des routes** ainsi que **de bâtiments** (écoles, crèches...).
- **La mairie** regroupe le maire, les conseillers municipaux et les personnes qui travaillent pour la commune.

Je comprends comment faire

▶ Pour décrire et comprendre les attributs du maire

L'insigne

L'écharpe

1. Je décris.

- **Sur l'insigne**, les lettres **RF** veulent dire **République française**. La tête d'un **coq** est représentée car cet animal symbolise la France.
- **L'écharpe tricolore** se termine par **deux pompons dorés**.
- **La carte d'identité** est spécifique aux maires.

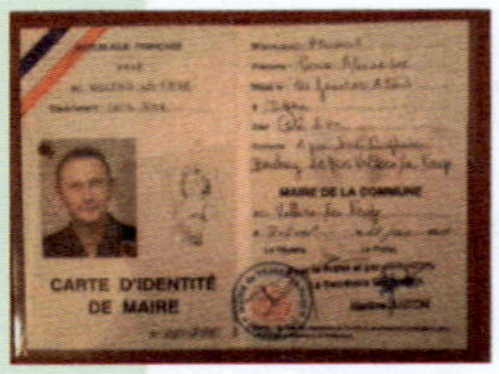
La carte d'identité du maire

2. Je comprends.

Ces objets appartiennent au maire.

- **Il doit porter l'écharpe sur son épaule droite lors de certaines cérémonies comme les mariages.**
- **L'insigne n'est pas obligatoire** s'il porte son écharpe.
- **La carte d'identité** lui permet de **prouver sa fonction de maire.** Ainsi, il peut faire **respecter les lois.**

INFO PARENTS

N'hésitez pas à emmener votre enfant avec vous les jours d'élection.

Je m'entraine

1 QUIZ Coche les bonnes réponses.

a. Pour célébrer les mariages on fait appel au :
☐ maire. ☐ conseil municipal.

b. Construire une école est la décision du :
☐ maire. ☐ conseil municipal.

c. Lors d'une cérémonie, le maire porte :
☐ un costume rouge. ☐ une écharpe tricolore.

d. L'animal sur l'insigne du maire est un :
☐ coq. ☐ mouton.

2 Écris les numéros au bon endroit.

1. buste de Marianne
2. écharpe
3. le maire
4. le conseil municipal

jeu malin

Récris les mots en miroir en commençant par la fin.

a. Personne élue par les conseillers municipaux : ERIAM ……………………

b. Nom donné aux villes et villages : ENUMMOC ……………………

c. Ensemble des personnes élues pour diriger la commune :
LAPICINUM LIESNOC ……………………

Bravo, tu as terminé ! Entoure ton smiley.

Corrigés page 28 du *Guide parents*

9 À quoi ressemble la France ?

Pour commencer

Quelle est la capitale de la France ?

J'apprends

La France, notre pays, est situé en Europe. **Sa capitale est Paris.**

- La France compte de nombreux **pays frontaliers** (Belgique, Luxembourg, Allemagne, Suisse, Italie et Espagne).
- Elle est bordée par **2 mers et l'océan Atlantique**. Plusieurs iles sont dispersées autour. La plus grande est la Corse.
- **5 grands fleuves** parcourent le pays et **6 massifs regroupent les montagnes** les plus élevées.
- Il y a **4 saisons** et les températures ne varient pas énormément sur l'année. Le **climat** est **tempéré**.
- On représente la France sur **différentes cartes**. Elle peut être dessinée seule ou au milieu d'autres pays, avec ses fleuves, ses montagnes, ses villes, ses routes...

Je comprends comment faire

▶ Pour lire une carte de France

- Sur cette carte de France, je situe **Paris et d'autres grandes villes** qui sont repérées **par un point rouge**.
- La Manche au nord et la Méditerranée au sud sont **les mers** qui bordent la France. **L'océan Atlantique** est à l'ouest. **La Corse** est en Méditerranée.
- **Les 5 fleuves** sont représentés par **des lignes bleues** qui serpentent.

INFO PARENTS

Sur une carte de France ou une carte du département, montrez à votre enfant la zone où il habite.

Je m'entraine

1 QUIZ Coche les bonnes réponses.

a. La capitale de la France est Lille. ☐
b. L'océan Pacifique borde la France. ☐
c. La France a 11 massifs montagneux. ☐
d. Marseille est une ville française. ☐
e. Paris est situé sur la Seine. ☐
f. La Corse est une ile française. ☐

2 Observe la carte des principaux massifs montagneux et réponds aux questions à l'oral.

a. Que représente cette carte ?
b. Combien y a-t-il de massifs montagneux en France ?
c. Combien y a-t-il de massifs à l'est ?
d. Comment s'appelle l'ile sur laquelle se trouve un massif montagneux ?
e. Comment s'appelle le massif situé au centre de la France ?
f. Où est situé le Mont-Blanc, la montagne la plus haute de France ?

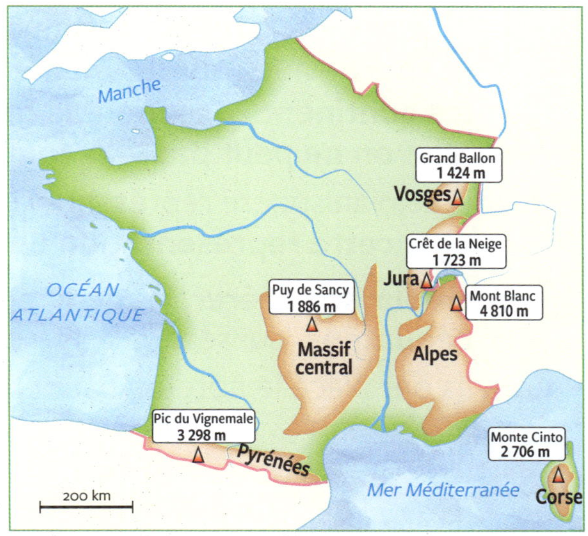

jeu malin

Place dans la grille les noms de 5 grands fleuves de France.
Tu peux t'aider de la carte page 122.

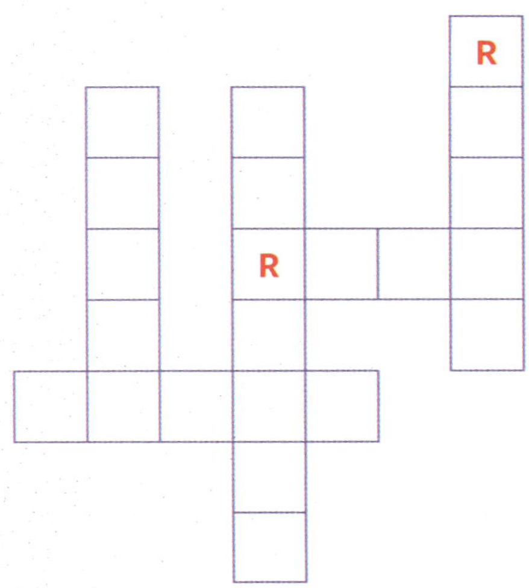

Bravo, tu as terminé ! Entoure ton smiley.

Corrigés page 28 du *Guide parents*

Temps • EMC • Espace

10 Les représentations de la Terre

Pour commencer

Quelle est la forme de la Terre ?

J'apprends

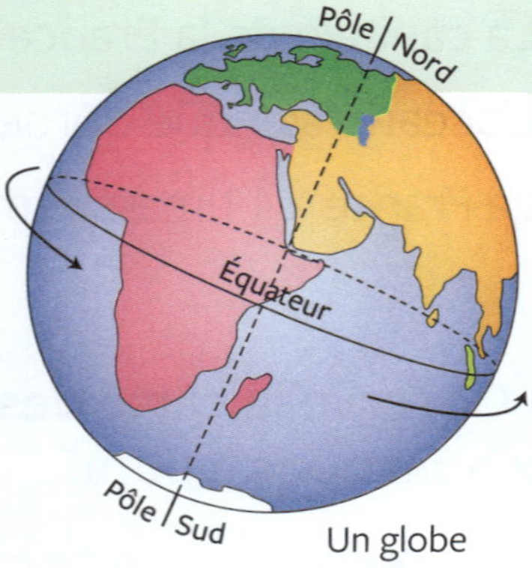

Un globe

Vue de l'espace, la Terre a la forme **d'une boule bleue**. Elle est recouverte d'eau mais aussi de terre.

• **Pour la représenter**, on utilise deux objets : **le globe et le planisphère**.

– Le globe a la **même forme que la Terre et tourne** aussi **sur lui-même**. **Les océans et les continents occupent la même place** qu'en réalité.
Mais **on ne peut pas voir toute la planète** d'un seul coup d'œil.

– Le planisphère représente la Terre **à plat**.
Mais **cette représentation déforme la Terre**.

• **Pour se repérer**, les géographes ont ajouté **une ligne imaginaire, l'équateur**, qui sépare la Terre en **deux hémisphères**.
Ils ont placé le nord en haut et le sud en bas.

Je comprends comment faire

▶ Pour comprendre un schéma

Les étapes de construction du planisphère

• **Le globe** a la même forme que la Terre. 1
Il est découpé **en quartiers**. 2
L'enveloppe est retirée et **étalée**. 3

• Je remarque que **certaines parties ne se rejoignent pas**.
→ Je comprends que les géographes ont dû **déformer certains endroits pour combler les espaces** et avoir un planisphère lisible.

INFO PARENTS

Incitez votre enfant à manipuler un globe et à repérer les continents et océans.

Je m'entraine

1 QUIZ Coche les bonnes réponses.

a. On peut représenter la Terre à l'aide d'un :
☐ télescope. ☐ planisphère. ☐ globe.

b. Pour se repérer, les géographes ont ajouté une ligne imaginaire appelée :
☐ équateur. ☐ écarteur.

c. La Terre est ainsi séparée en deux : ☐ hémisphères. ☐ hémicycles.

d. Vue du ciel, la Terre a la forme d'une boule :
☐ rouge. ☐ bleue. ☐ verte.

2 Observe le planisphère, lis les phrases et écris Vrai ou Faux.

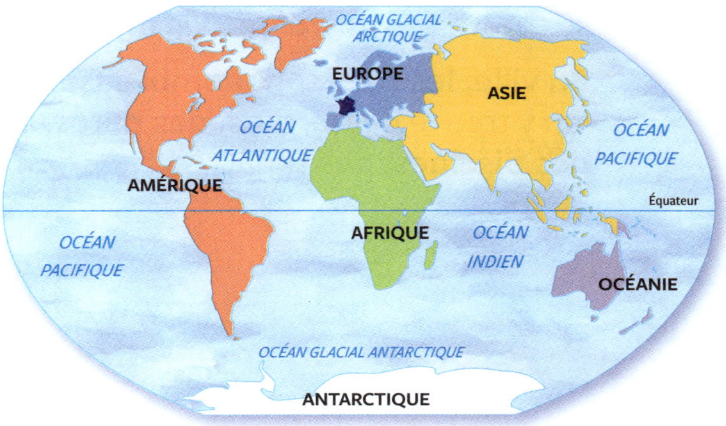

a. Il y a 6 continents. ....

b. L'Antarctique est au nord. ....

c. L'océan Atlantique borde la France. ....

d. Il y a 3 continents autour de l'océan Indien. ....

e. L'équateur traverse tous les continents. ....

f. L'Amérique et l'Asie sont séparées par l'océan Pacifique. ....

jeu malin

Réponds aux devinettes suivantes.

a. J'ai la même forme que la Terre. Je représente les océans et les continents comme ils le sont en réalité.

Je suis..........

b. Je suis une représentation de la Terre à plat. Je déforme la réalité.

Je suis ....

Bravo, tu as terminé ! Entoure ton smiley. 😐 🙂 😀

Corrigés page 28 du *Guide parents*

11 Habiter la France

Pour commencer

Sur quel continent se trouve la France ?

J'apprends

En France, **les habitants vivent dans des endroits très différents.**

• Certains Français vivent dans **des villages**. Ils habitent souvent **une maison, parfois avec un jardin**.

Les villages sont situés dans **la campagne** ou à **la montagne**.

La nature est très **présente**. Il y a des champs, des forêts, des rivières... On voit aussi des animaux dans des prés. Il n'y a **pas beaucoup de voitures**.

• La plupart des Français vivent dans **des villes**. **Leur logement** se trouve souvent **dans des immeubles où vivent d'autres familles**.

En ville, les rues sont **nombreuses** et **la circulation importante**. On y trouve des **jardins, des parcs**, mais aussi **des cinémas, des piscines, des théâtres**.

Je comprends comment faire

▶ Pour comprendre une photo

• Je remarque que certaines personnes marchent sur **un trottoir** et d'autres traversent **la rue**.

• **Les véhicules** sont **nombreux**. Je repère des voitures, un bus, un vélo. Il y a aussi des feux tricolores et des panneaux de circulation.

• Les **immeubles** sont **hauts**. On peut imaginer qu'il y a plusieurs logements.

→ Il s'agit de **la photo d'une ville**.

INFO PARENTS

Au cours de ses déplacements, aidez votre enfant à identifier l'endroit (campagne ou ville) et à nommer les caractéristiques et repères (objets, lieux...) propres à chacun d'eux.

Je m'entraine

1 QUIZ Coche les bonnes réponses.

À la campagne, il y a :

a.  ☐

b.  ☐

c.  ☐

d.  ☐

e.  ☐

f.  ☐

2 Observe le graphique et réponds aux questions à l'oral.

a. Qu'est-ce qui occupe le plus d'espace en France ?

b. Où se trouve le plus grand nombre d'habitants ?

c. Où y a-t-il le plus d'espace pour vivre ?

d. Pourquoi les habitants des villes ne peuvent-ils pas tous avoir une maison ?

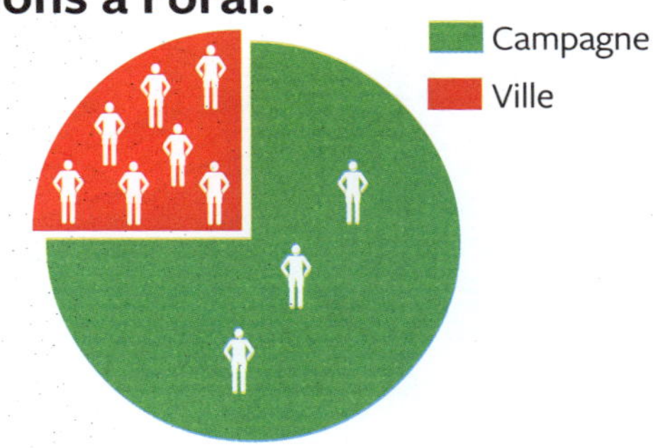

Les villes et la campagne en France

jeu malin

À l'aide du code, complète les phrases.

A	C	E	G	H	I	L	M	N	O	P	R	S	T	U	V
1	2	3	4	5	6	7	8	9	10	11	12	13	14	15	16

a. En 16-6-7-7-3 ……………………, on habite souvent des immeubles collectifs.

b. À la campagne, il y a des 2-5-1-8-11-13 …………………… .

c. Dans les villes, il y a beaucoup de 16-10-6-14-15-12-3-13 …………………… .

d. La plupart des maisons avec jardin se trouvent à la 2-1-8-11-1-4-9-3 …………… .

Bravo, tu as terminé ! Entoure ton smiley.

Corrigés page 28 du *Guide parents*

SCIENCES

Le monde du vivant, de la matière et des objets

La matière

Le vivant

Les objets techniques

1 Température et thermomètre

Pour commencer

Quelle est la température du corps humain ? Comment varie-t-elle quand on a de la fièvre ?

J'apprends

- Plus un corps est chaud, plus sa **température** est élevée. Elle se mesure en **degrés** avec un **thermomètre**.
- Sur les thermomètres à liquide (a), la température est lue sur une **graduation**, en face du haut de la colonne rouge.

Sur les thermomètres électroniques (b et c), la température s'affiche sous forme d'un nombre.

- Quand la température est au-dessous du zéro de la graduation, on dit «moins» avant le nombre lu. Les thermomètres (d) et (e) indiquent «moins trois degrés».

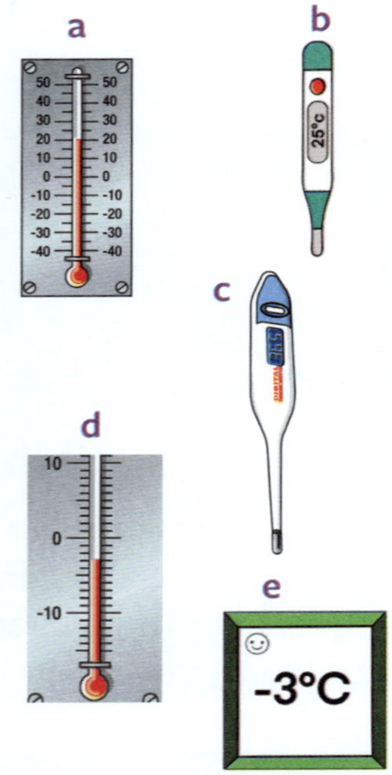

Je comprends comment faire

▶ Pour connaitre la température de l'eau

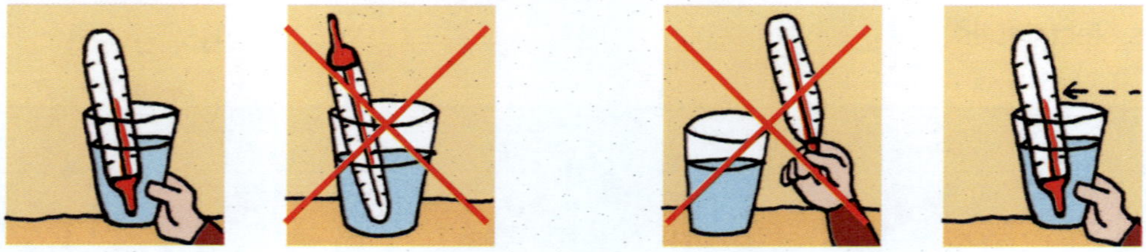

A B C D

Place le bas du thermomètre dans l'eau (A).

Pour lire la température, tu ne dois pas déplacer le thermomètre (C). Place tes yeux bien en face du haut de la colonne rouge (D).

INFO PARENTS

Faites constater à votre enfant que la température indiquée augmente quand on touche un thermomètre (en particulier le réservoir d'un thermomètre à liquide), car on le réchauffe.

Je m'entraine

1 QUIZ Coche la bonne réponse.

a. Quel instrument sert à mesurer la température?

☐ chronomètre ☐ baromètre ☐ thermomètre

b. Dans quelle unité se mesure la température?

☐ millimètre ☐ degré ☐ gramme

c. Plus un corps est froid, plus sa température est élevée.

☐ Vrai ☐ Faux

d. Tous les thermomètres possèdent une graduation.

☐ Vrai ☐ Faux

2 Magali et Sébastien regardent la température qu'il fait dans leur maison. **Barre le personnage qui s'y prend mal.**

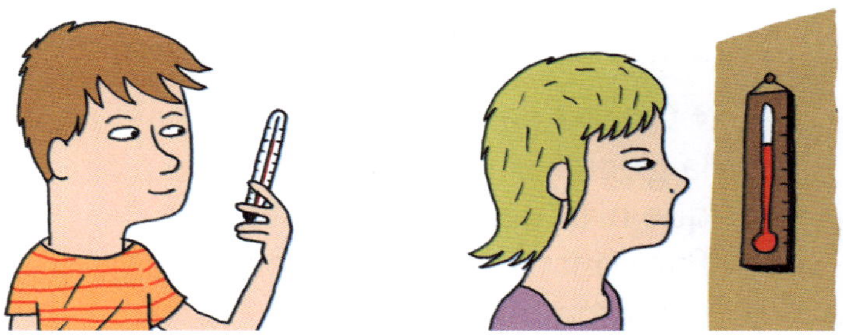

3 Inscris à côté de chaque thermomètre la température qu'il indique.

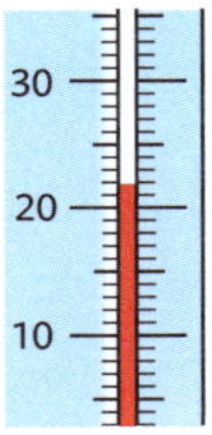

....

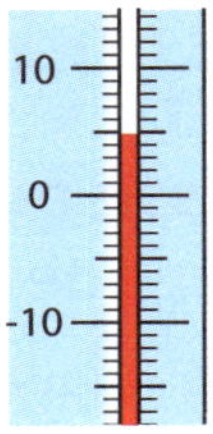

....

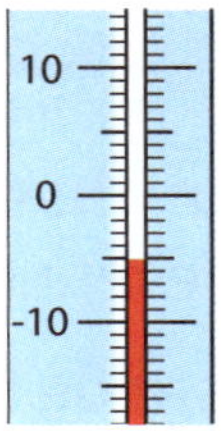

....

jeu malin

Trouve et entoure le thermomètre intrus.
Plus de zéro degré ou moins de zéro degré?

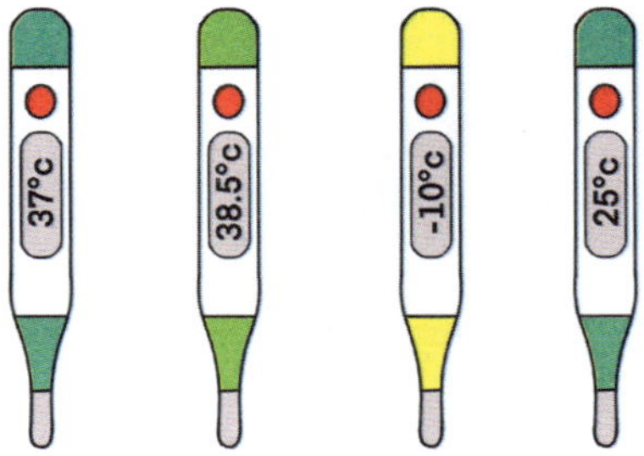

Bravo, tu as terminé ! Entoure ton smiley.

Corrigés page 29 du *Guide parents*

2 Glace et eau liquide

Pour commencer

Que devient la neige quand elle fond ?

J'apprends

• L'eau est présente partout autour de nous sous forme **liquide** : mers, rivières, pluie, etc. Quand la température est en dessous de zéro degré, l'eau est à l'**état solide** : c'est de la **glace**. La **neige**, la **grêle**, le **givre** sont aussi faits de glace.

• Quand on réchauffe de la glace, elle fond (**fusion**) et devient de l'eau liquide. Quand on refroidit de l'eau liquide, elle devient de la glace (**solidification**).
Ces changements d'état se passent à la température de **zéro degré**.

• Quand de l'eau liquide gèle, la glace formée prend plus de place que n'en occupait l'eau liquide. Par contre, elle garde toujours la même masse.

Je comprends comment faire

▶ Pour observer ce qui se passe quand la glace fond

L'eau devenue liquide prend moins de place que la glace.

La masse de l'eau n'a pas changé quand la glace a fondu.

INFO PARENTS

Mettez un verre rempli d'eau à ras bord au congélateur ou au freezer du réfrigérateur. Après quelques heures, constatez que la glace formée monte plus haut que le bord du verre : le volume de l'eau a augmenté.

Je m'entraine

1 QUIZ Coche la bonne réponse.

a. Qu'est-ce qui est fait d'eau à l'état solide ?

☐ la pluie ☐ la neige ☐ le ruisseau

b. À quelle température l'eau est-elle solide ?

☐ – 4 degrés ☐ 1 degré ☐ 20 degrés

c. Quelle est la température de l'eau lorsqu'elle se transforme en glace ?

☐ – 4 degrés ☐ 0 degré ☐ 10 degrés

d. Quand on fait geler de l'eau, elle devient plus lourde. ☐ Vrai ☐ Faux

2 On vient de poser quatre glaçons identiques aux endroits dessinés.

a. Quel glaçon ne va pas fondre ? ....

b. Quel glaçon fondra le plus vite ? .... Et le moins vite ? ....

sur un radiateur

dans un congélateur

dans un réfrigérateur

à température ambiante

jeu malin

Ces images racontent l'histoire d'un glaçon sorti du congélateur et qui se réchauffe. **Remets-les dans l'ordre en les numérotant de 1 à 6.**

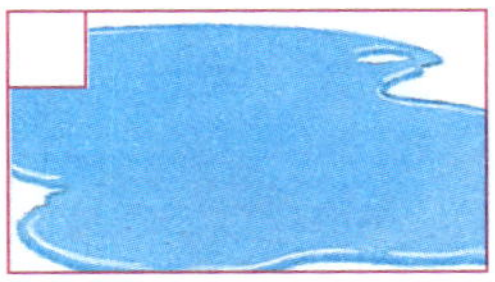

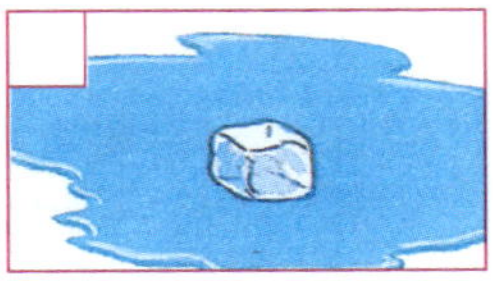

Bravo, tu as terminé ! Entoure ton smiley.

Corrigés page 29 du *Guide parents*

3 Les êtres vivants dans leur milieu

Pour commencer

Où vivent ces animaux ? Le renard, le poisson, le ver de terre, la cigogne, l'éléphant...

J'apprends

▶ Le milieu

Un **milieu** est le lieu naturel où vivent des **animaux** et des **végétaux**. Il peut être **aquatique** (la mer, un lac, une rivière) ou **terrestre** (une forêt, une prairie, la montagne).

▶ Des conditions changeantes

En France, pendant la mauvaise saison, en hiver, les végétaux se mettent en vie ralentie.

• Certains animaux partent alors vers des pays chauds : c'est **la migration**. D'autres s'endorment profondément : c'est **l'hibernation**.

Je comprends ce qui se passe

▶ Qui mange qui ?

Un animal **végétarien** se nourrit de végétaux.

Un **omnivore** se nourrit de végétaux et d'animaux.

Un **carnivore** mange d'autres animaux.

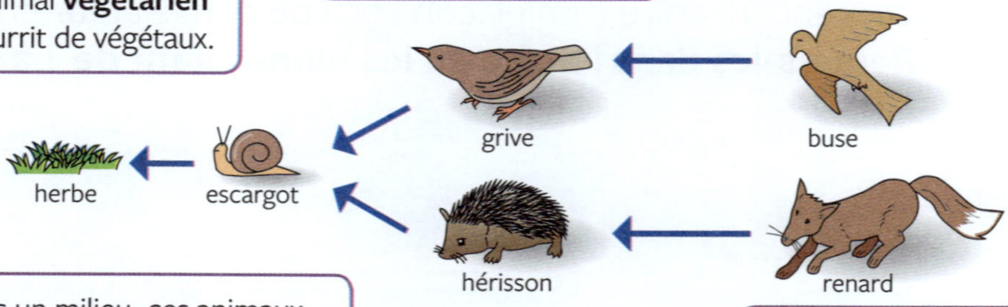

Dans un milieu, ces animaux forment un **réseau alimentaire**.

À la base de ce réseau, il y a toujours un **végétal**.

Un réseau alimentaire dans la forêt

INFO PARENTS

Écrivez des noms d'animaux et de végétaux ou collez leurs images sur des cartes. Tirez-en une et jouez à "Que mange-t-il?" ou "Qui le mange?". Votre enfant devra le qualifier de végétarien, carnivore ou omnivore.

Je m'entraine

1 QUIZ Coche la ou les bonnes réponses.

a. Parmi ces milieux, quels sont ceux qui sont aquatiques ?

☐ la mare ☐ une haie ☐ le ruisseau ☐ un arbre

b. Le hérisson est végétarien. ☐ Vrai ☐ Faux

2 Coche la bonne réponse.

a. Comment appelle-t-on les animaux mangeurs d'autres animaux ?

☐ les végétariens ☐ les carnivores

b. Quand les animaux végétariens ont-ils du mal à trouver de la nourriture ?

☐ en hiver ☐ en été

jeu malin

Les cercles représentent ce que mange le renard au cours de l'année.
Remplis la grille à l'aide des définitions. Tu verras apparaitre en A vertical le régime alimentaire du renard.

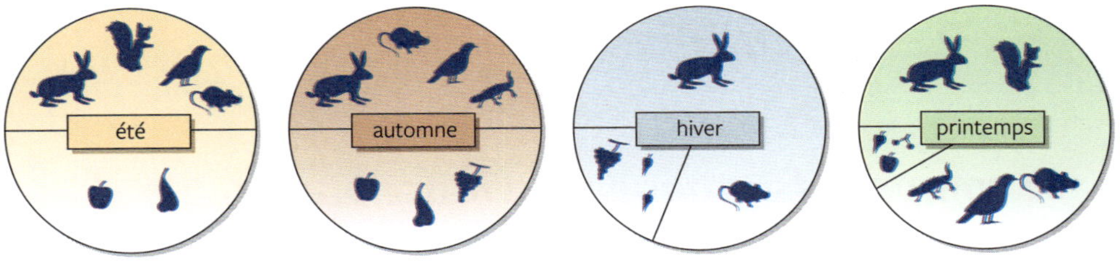

1. Petit rongeur, à une lettre près c'est un mulet.
2. Fruit du pommier.
3. Fruit de la vigne.
4. Petit rongeur préféré des chats et du renard…
5. Serpent venimeux.
6. Bête à plumes, je vole.
7. Reptile qui perd sa queue quand on l'attaque.
8. Rongeur amateur de noisettes.

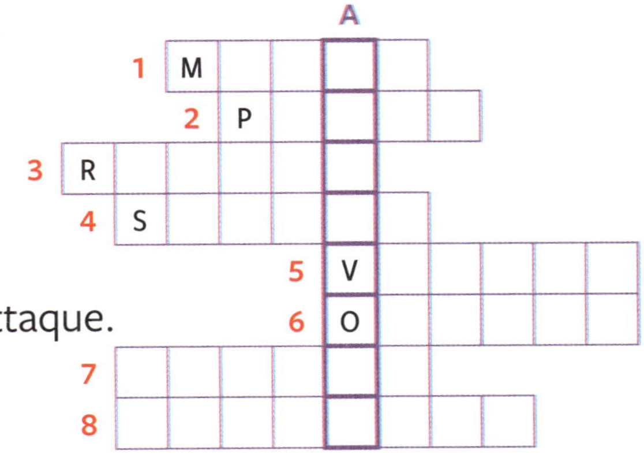

Bravo, tu as terminé ! Entoure ton smiley.

Sciences

4 Le fonctionnement du corps humain

Pour commencer

L'homme doit manger de tout. Pour cela, on dit qu'il est carnivore, végétarien ou omnivore ?

J'apprends

▶ Le corps fonctionne

- Dans la poitrine, le **cœur** bat régulièrement faisant circuler le **sang** dans des vaisseaux (des **artères**, des **veines** et des **capillaires**) vers toutes les parties du corps.
- Par des mouvements réguliers de la poitrine, **l'air** entre par le nez, va dans les **poumons** puis dans le sang et finit par ressortir par la bouche : c'est la **respiration**.

▶ Des règles d'hygiène

- Pour être en bonne **santé** et bien **grandir**, on doit manger des **aliments variés** en quantité suffisante.
- Un enfant a besoin de **dormir** au moins 10 heures par nuit. Pratiquer un sport adapté à son âge l'aide aussi à rester en bonne santé. Pour une bonne **hygiène**, le corps et les dents doivent être lavés tous les jours.

Je comprends comment ça fonctionne

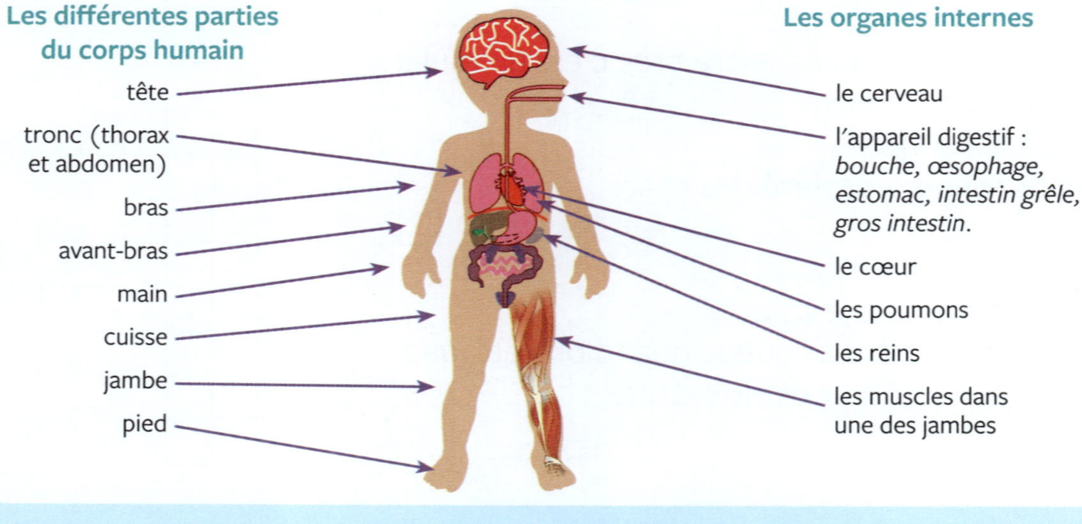

INFO PARENTS

Demandez à votre enfant de pointer du doigt une partie de son corps, puis d'indiquer son nom et l'organe qui se trouve sous la peau.

Je m'entraine

1 QUIZ Coche les bonnes réponses.

a. Le cœur se trouve sur le côté droit de la poitrine. ☐
b. Le sang circule dans les veines et les artères. ☐
c. Notre alimentation doit être variée. ☐
d. Les poumons sont les organes de la respiration. ☐
e. L'air que nous respirons va vers le cœur. ☐

2 Coche la ou les bonnes réponses.

a. Le sang circule grâce : ☐ au cœur. ☐ aux vaisseaux. ☐ aux poumons.

b. À quoi servent les aliments que l'on mange ?
☐ à respirer ☐ à grandir ☐ à apporter de l'énergie

c. Qu'est-ce qui est bon pour la santé ?
☐ le sommeil ☐ fumer ☐ l'alcool ☐ le sport

jeu malin

Tes parents ont fait des courses. Ils te demandent de ranger leurs achats dans trois sacs selon qu'ils sont d'origine animale, végétale ou minérale.
Trace un trait vers le sac qui convient.

Bravo, tu as terminé ! Entoure ton smiley.

Corrigés page 29 du *Guide parents*

5 Le squelette et les articulations

Pour commencer

Mon premier a une baguette magique. Mon deuxième forme les parois d'une pièce de la maison. Mon tout est l'os de la cuisse.

J'apprends

▶ Une charpente osseuse

Notre corps est formé d'un **tronc** portant la **tête** et quatre **membres**. Il est soutenu par un **squelette composé d'os**. La taille et la forme des os sont variées. Certains sont courts, d'autres longs, plats ou ronds.

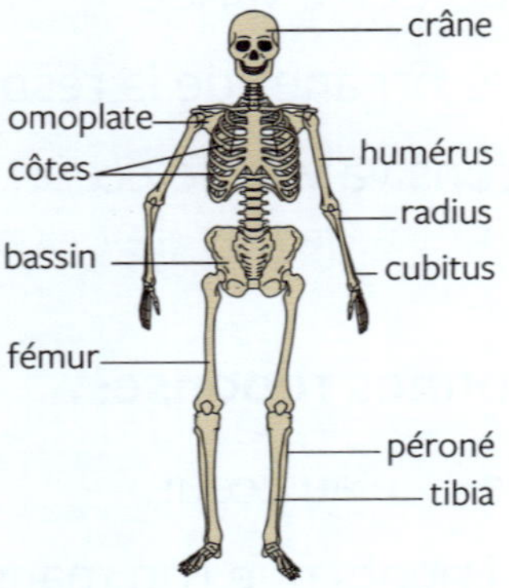

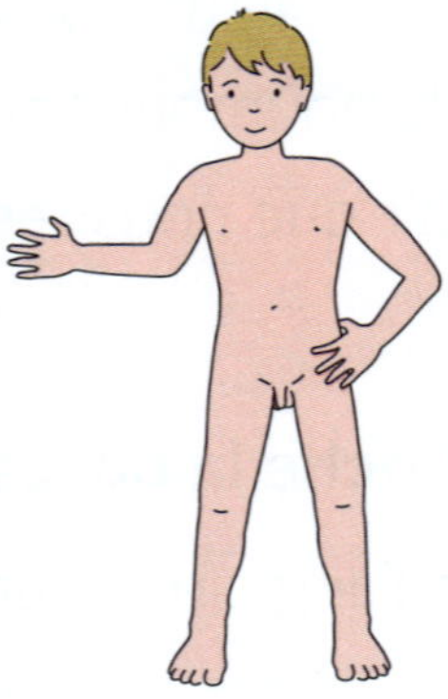

▶ Des articulations pour bouger

L'articulation permet aux deux os de bouger entre eux et rend possible le **mouvement**.

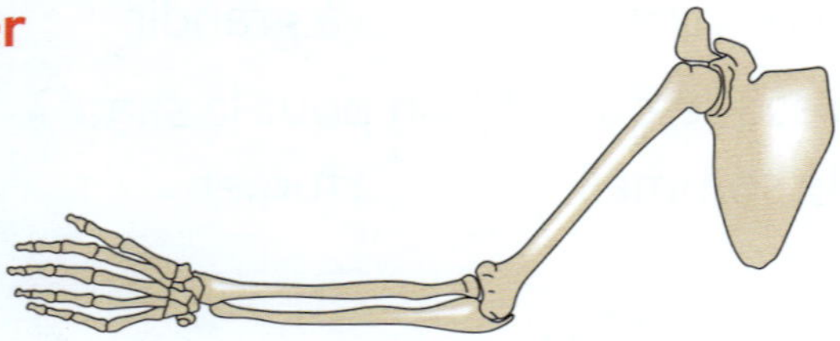

Je comprends comment ça fonctionne

▶ Quelles parties du corps peuvent plier ?

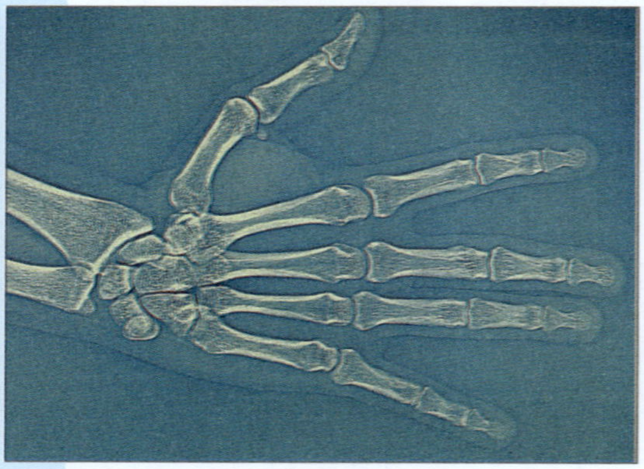

Le genou, la cheville, le coude ou le poignet sont des **articulations** faciles à repérer. Beaucoup d'autres endroits peuvent aussi plier. La main possède des articulations très fines qui permettent à chaque doigt de bouger, se plier et saisir des objets avec précision.

INFO PARENTS

Demandez à votre enfant de montrer et nommer si possible toutes les parties du corps qui peuvent plier.

Je m'entraine

1 **QUIZ** **Coche la ou les bonnes réponses.**

a. Qu'est-ce qui n'appartient pas à un membre?
☐ le bras ☐ la tête ☐ le pied ☐ le torse ☐ la main ☐ la cuisse

b. Qu'est-ce qui n'est pas une articulation?
☐ le coude ☐ le torse ☐ la jambe ☐ le genou ☐ le poignet

c. Les os sont tous pareils. ☐ Vrai ☐ Faux

d. Une articulation permet à des os de bouger entre eux. ☐ Vrai ☐ Faux

2 La radiographie permet de voir les os à travers la peau. **Relie chaque radio au nom de la partie du corps qui lui correspond.**

a. 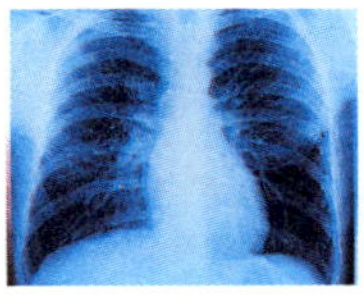 • • tête

b. 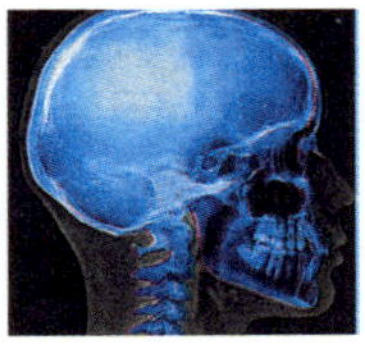 • • pied

c.  • • torse

jeu malin

En recopiant les noms des parties du corps, Gaby n'a écrit correctement que : "La tête". Pour le reste, il a mélangé toutes les lettres en les écrivant. Remets les mots dans le bon ordre et place-les sur le dessin. *bars el, al mina, el uco, le depi, goune el, al sciuse, le peignot, vichelle al, douce le*

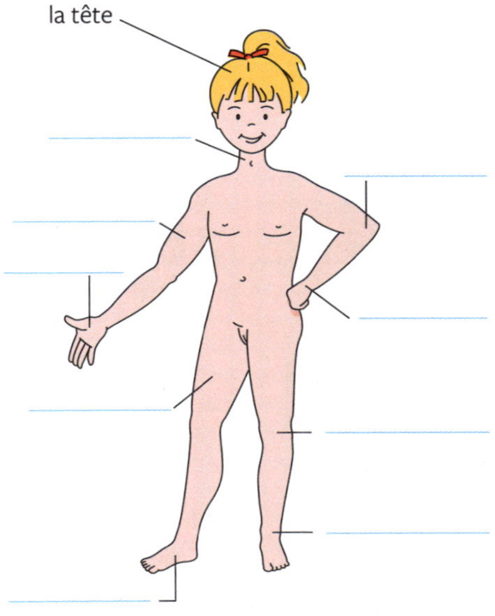

Bravo, tu as terminé ! Entoure ton smiley.

Corrigés page 29 du *Guide parents*

6 La croissance de l'enfant

Pour commencer
Prends un miroir et compte combien tu as de dents dans ta bouche. Compare avec un de tes parents.

J'apprends

▶ On arrête de grandir quand on devient adulte

À la naissance, un bébé mesure 50 cm environ. À 6 ans, les **dents de lait** sont remplacées par les **dents définitives** que l'on garde toute notre vie si on les lave bien.

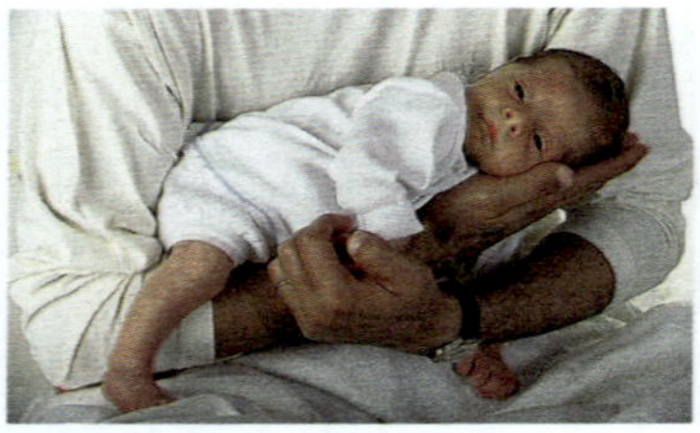
Un nourrisson

▶ On grandit jusqu'à l'âge de 18 ans environ

Un enfant de 7 ans

Au début, le lait maternel apporte tout ce dont le bébé a besoin pour sa croissance. Il faut ensuite une **alimentation variée**, pratiquer des **activités physiques** et une quantité suffisante de **sommeil**.

Un enfant de 2 ans

Je comprends comment faire

▶ Pourquoi faut-il bien manger pour bien grandir ?

Pour construire une maison, il faut des briques et du ciment. Notre corps a aussi besoin de matériaux de construction que l'alimentation nous apporte. Un enfant a besoin de lait et de fromages, de fruits et de légumes, de viande et de poisson, de pain, de pâtes et de boire de l'eau.

INFO PARENTS

À partir de son carnet de santé, notez l'évolution annuelle de la taille de votre enfant. Faites-lui découpez des bandes de papier selon les mesures et collez-les bord à bord de 0 à 8 ans. Il pourra observer l'évolution de sa croissance.

Je m'entraine

1 QUIZ Coche la bonne réponse.

a. À quel âge arrête-t-on de grandir? ☐ 2 ans ☐ 6 ans ☐ 18 ans

b. Un enfant a besoin de produits laitiers. ☐ Vrai ☐ Faux

2 Sur ces radiographies, un trait blanc marque la limite de la gencive. Entre les deux traits se trouve ce qui est visible dans la bouche.

a. Combien de dents sont visibles dans la bouche de l'adulte et de l'enfant? ....

b. Certaines dents apparaissent à l'intérieur des gencives chez l'enfant (points bleus). À ton avis, à quoi correspondent-elles? ....

c. Pourquoi un adulte a-t-il plus de dents qu'un enfant? ....

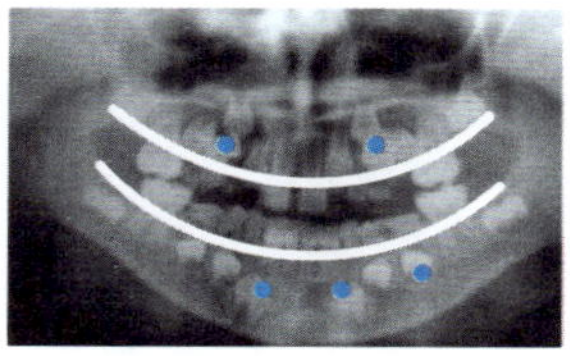

Dentition d'un enfant de 6 ans

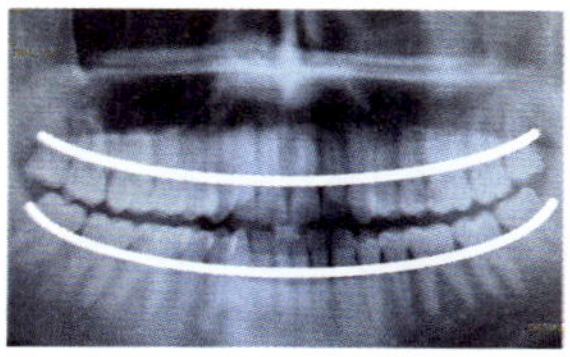

Dentition d'un adulte

jeu malin

Pierre, Jérémie, Nathalie et Sophie sont des élèves de CE1. Ils ont comparé leurs tailles avec des bandes de papier comme ils l'avaient fait l'année précédente au CP.
Pierre fait 9 cm de plus que Jérémie. Nathalie dépasse Jérémie de 4 cm. Sophie, la plus petite mesure 125 cm, elle est à 2 cm de Jérémie.

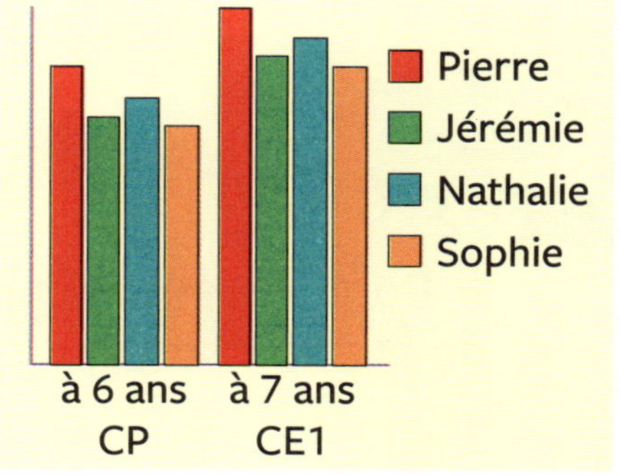

a. Combien mesurent Pierre, Nathalie et Jérémie? ....

Au CP, Pierre avait 3 cm de plus que Nathalie. Jérémie avait 1 cm de moins que Nathalie et 4 de plus que Sophie. Il mesurait 124 cm.

b. Qui a le plus grandi en un an? ....

Bravo, tu as terminé ! Entoure ton smiley.

Corrigés page 29 du *Guide parents*

7 Circuits électriques

Pour commencer
Comment l'électricité va de la pile à l'ampoule dans une lampe de poche ?

J'apprends

• Quand on relie avec deux fils électriques les deux bornes d'une lampe aux deux bornes d'une pile, la lampe s'allume (dessins A et B). La boucle obtenue est un **circuit électrique** dans lequel le **courant électrique** circule.

• Un **interrupteur** placé dans le circuit permet de commander le fonctionnement de la lampe. En position «**ouvert**» (dessin C), le circuit est coupé et le courant ne peut pas circuler : la lampe est éteinte. En position «**fermé**» (dessin D), le courant passe : la lampe est allumée.

Je comprends comment faire

▶ Pour installer l'éclairage dans une maison de poupée

Il te faut :
- une pile,
- une lampe,
- un interrupteur,
- trois bouts de fil électrique.

INFO PARENTS
Mettez à disposition de votre enfant le matériel nécessaire pour réaliser la maison de poupée.
Utilisez du ruban adhésif pour maintenir en place les différents éléments.

Je m'entraine

1 QUIZ Coche Vrai ou Faux.

a. Une pile plate possède 2 bornes. ☐ Vrai ☐ Faux

b. Une pile ronde ne possède qu'une seule borne. ☐ Vrai ☐ Faux

c. Un interrupteur produit du courant électrique. ☐ Vrai ☐ Faux

d. Un interrupteur fermé laisse passer le courant électrique. ☐ Vrai ☐ Faux

*

2 Dans quels cas la lampe s'allume-t-elle? ....

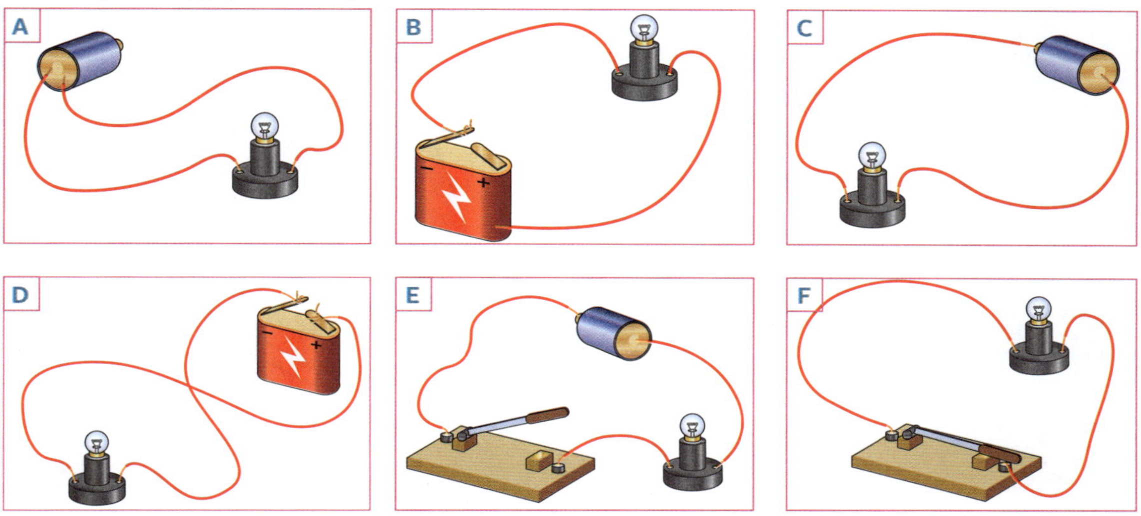

jeu malin

Pauline se demande quel fil elle doit attacher avec le sien pour que la lampe s'allume.
Aide-la à trouver le bon fil.

....

Bravo, tu as terminé ! Entoure ton smiley.

ANGLAIS

Anglais

→ Certains exercices proposent des compléments audio disponibles sur **www.hatier-entrainement.com**

Ils sont signalés par

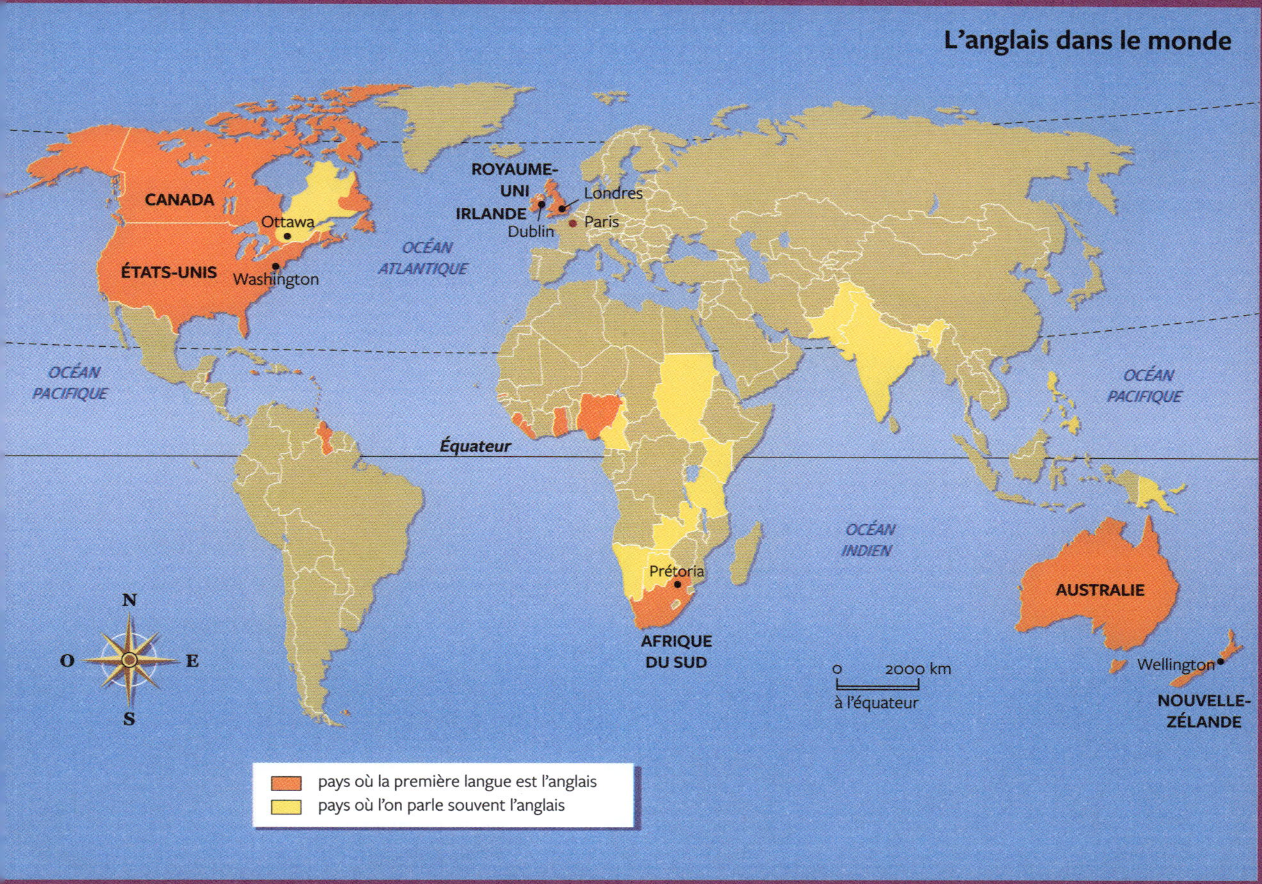

1 Good morning!
Bonjour !

Pour commencer
Lors d'une 1re rencontre, les Anglais se serrent la main. Plus tard, ils se diront *Hello* ou *Hi* avec un signe de main.

Vocabulary

good morning

good afternoon

good evening

good night

Dialogue

Bonjour John ! Je suis madame Twenty.

Bonjour madame Twenty.

!

- good morning
- good afternoon
- Hello
- Hi

(plus familier, entre copains par exemple)

Read AND repeat

trousers

sweater

skirt

dress

Anglais

Games

1 Chacun se présente.
Complète les phrases.

m ....

....

....

2 Que porte ce personnage étrange et bizarrement habillé?

He's wearing ....

....

....

....

....

3 Chacun dit «Bonjour» ou «Bonne nuit» à des moments différents de la journée. Que disent ces enfants?

a.

....

b.

....

c.

....

Story

– *Hi Lucas!*

– *Hello Raphael! How are you?*

– *I'm fine thank you!*

Corrigés page 30 du *Guide parents*

Bravo, tu as terminé ! Entoure ton smiley.

jacket

shirt

shoe

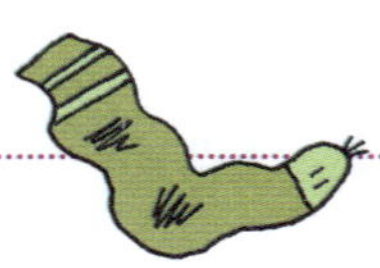

sock

Anglais

2 I like my house
J'aime ma maison

Pour commencer
Les maisons anglaises ont un petit jardin à l'avant fermé par un muret et un plus grand à l'arrière fermé par un mur.

Vocabulary

Dialogue

Entre dans ma maison !

Ma chambre est en haut.

Read AND repeat

cat

dog

bird

monkey

Games

1 Regarde où sont les personnages. Remplace les mots barrés par le mot correct.

John is in the ~~kitchen~~.

....

Jane is in the ~~bathroom~~.

....

Peter is in the ~~garden~~.

....

Brittney is in the ~~dining room~~.

....

2 Complète cette grille avec des noms d'animaux.

Story

In my house there are three bedrooms and two bathrooms.
My bedroom is big.

Corrigés page 30 du *Guide parents* — ***Bravo, tu as terminé !*** Entoure ton smiley.

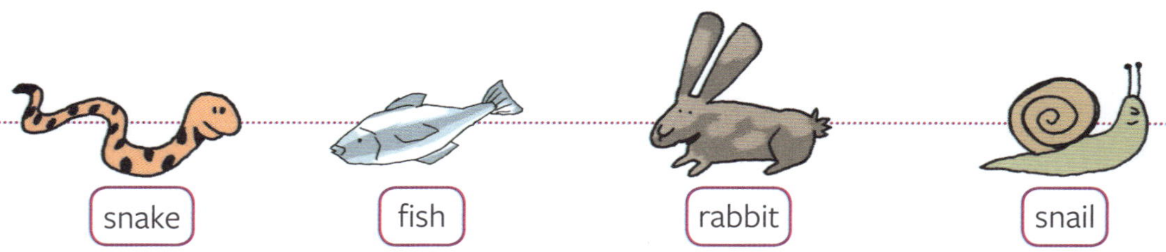

3 Days and months
Jours et mois

Pour commencer
Le 26 décembre, c'est le *Boxing Day*. Ce jour férié marque le début des soldes.

Vocabulary

- There are 12 months in a year:

January	winter
February	winter
March	winter
April	spring
May	spring
June	spring
July	summer
August	summer
September	summer
October	autumn
November	autumn
December	autumn

4 seasons
- winter
- spring
- summer
- autumn

- There are 7 days in a week:

Monday
Tuesday
Wednesday
Thursday
Friday
Saturday
Sunday

Dialogue

Je joue au tennis le mercredi.

Je vais en vacances en aout.

!

there is
il y a suivi d'un singulier

there are
il y a suivi d'un pluriel

on Wednesday
(*on + jour*)

in August
(*in + mois*)

Read AND repeat

spring

summer

Games

1 **Quatre jours et six mois se cachent dans cette grille. Les 10 lettres restantes te donneront le nom d'un objet utile quand on étudie l'anglais.**

S	M	O	N	D	A	Y	D
A	S	J	U	L	Y	T	A
T	U	I	A	C	T	U	U
U	N	I	P	J	M	E	G
R	D	O	R	U	A	S	U
D	A	N	I	N	Y	D	S
A	Y	A	L	E	R	A	T
Y	M	A	R	C	H	Y	Y

Le mot est

....

2 **Écris les saisons correspondant à ces éléments.**

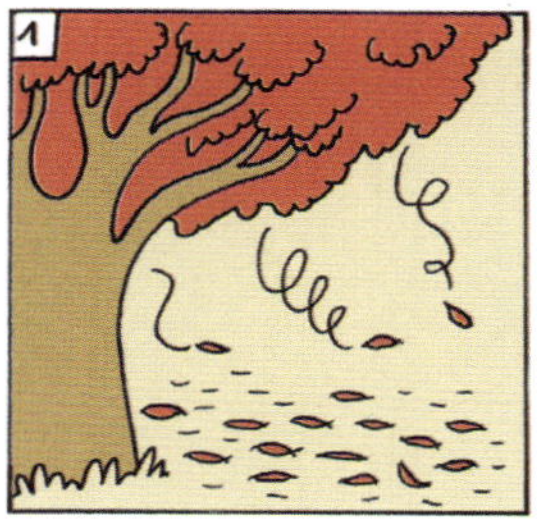

....

Story

Summer months are my favourite months because we go to Italy in July and August with my parents.

Anglais

Corrigés page 30 du *Guide parents* ***Bravo, tu as terminé !*** Entoure ton smiley.

autumn

winter

4 Numbers and colours
Nombres et couleurs

Pour commencer
Les taxis londoniens sont en général de couleur noire. On les appelle les *black cabs*.

Vocabulary

1 one	**11** eleven
2 two	**12** twelve
3 three	**13** thirteen
4 four	**14** fourteen
5 five	**15** fifteen
6 six	
7 seven	
8 eight	
9 nine	
10 ten	

Dialogue

Regarde les deux oiseaux bleus!

Ils sont beaux!

!

look at
regarder

a blue bird
(un oiseau bleu) : en anglais l'adjectif se place avant le nom

they are
they're
ils sont

Read AND repeat

pencil

bag

cup

bed

Anglais

Games

1 **Relie chaque chiffre à son équivalent en anglais.**

12 — 13 — 15 — 10 — 2 — 8

two — twelve — fifteen — ten — eight — thirteen

2 **Colorie ces objets dans la couleur indiquée.**

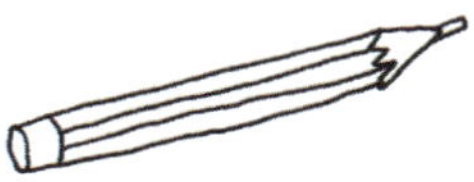

a red pencil

a blue glass

a black dog

a pink bird

a yellow cup

Story

I have got two pets: a black cat and a blue bird.

Corrigés page 30 du *Guide parents*

Bravo, tu as terminé ! Entoure ton smiley.

glass

plate

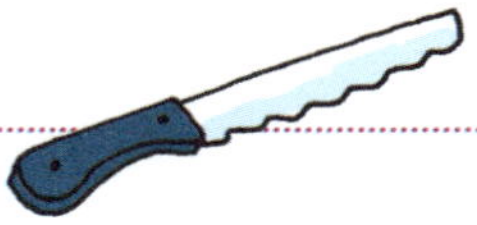

knife

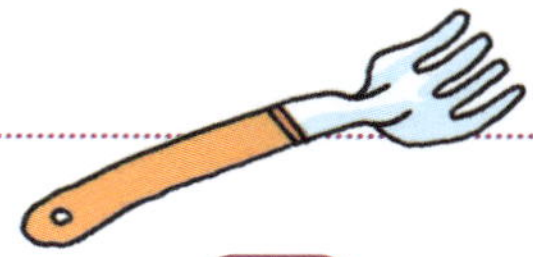

fork

BILAN QUIZ ! Français

1 Coche les bonnes réponses.

1. Ces mots sont bien classés dans l'ordre alphabétique : canard, parapluie, musique, valise. ☐ Vrai ☐ Faux

2. Je range ma chambre. Cette phrase est au :
☐ passé. ☐ présent. ☐ futur.

3. Je rangerai ma chambre. Cette phrase est au :
☐ passé. ☐ présent. ☐ futur.

4. *Sortilège* est un nom masculin. ☐ Vrai ☐ Faux

5. Le son « s » peut s'écrire au moins de 3 manières. ☐ Vrai ☐ Faux

6. Le féminin des noms en *-eil* s'écrit *-eille*. ☐ Vrai ☐ Faux

7. Les noms communs au pluriel prennent toujours un *s*. ☐ Vrai ☐ Faux

8. On écrit : ☐ un *bombon* ☐ un *bonbon*.

9. Tu as les yeux verts. *verts* est un adjectif qualificatif. ☐ Vrai ☐ Faux

10. Le verbe change de terminaison selon la personne et le temps. ☐ Vrai ☐ Faux

11. Le nom commun s'accorde en genre avec le déterminant. ☐ Vrai ☐ Faux

12. Le pronom *il* est toujours sujet du verbe. ☐ Vrai ☐ Faux

13. Vous mangiez du chocolat. La forme verbale est conjuguée :
☐ au présent. ☐ à l'imparfait.

14. Le verbe *verdir* est un verbe du : ☐ 2e groupe. ☐ 3e groupe.

15. On écrit et on dit : *nous faisons, vous faisez, ils font*. ☐ Vrai ☐ Faux

16. *Il aura* est une forme du verbe *avoir*. ☐ Vrai ☐ Faux

17. *Jouer avec le feu* est une expression au sens figuré. ☐ Vrai ☐ Faux

18. Quelle expression faut-il employer à l'écrit ?
☐ *mettre son jean* ☐ *enfiler son jean* ☐ *revêtir son jean*

19. Dans le dictionnaire, les verbes sont à l'infinitif. ☐ Vrai ☐ Faux

Corrigés page 31 du *Guide parents*

L'ANNÉE PROCHAINE EN CE2

Voici l'essentiel de ce que tu apprendras en **français** l'année prochaine.
Fais une croix ☒ à côté des notions que tu connais déjà.

Lecture

Lire et comprendre différents types de textes			☐
Écrire un portrait	☐	Écrire un texte documentaire	☐

Orthographe

Les différents accents du *e*	☐	m devant m, b, p	☐
a / à	☐	Les accords dans le groupe nominal	☐
on / ont	☐	Le féminin des noms et des adjectifs	☐
et / est	☐	Le pluriel des noms et des adjectifs	☐
son / sont	☐		

Grammaire

Le groupe nominal	☐	Les formes de phrases	☐
Les constituants de la phrase	☐	Le sujet	☐
Les types de phrases	☐	Le verbe	☐

Conjugaison

Le présent du verbe *être*	☐	Le présent du verbe *faire*	☐
Le présent du verbe *avoir*	☐	Le présent du verbe *dire*	☐
Le présent des verbes du 1er groupe (-er)	☐	Le futur	☐
Le présent du verbe *finir*	☐	L'imparfait	☐
Le présent du verbe *aller*	☐	Le passé composé	☐
Le présent du verbe *venir*	☐		

Vocabulaire

Le dictionnaire	☐	Les synonymes	☐
Le sens propre et le sens figuré	☐	Les antonymes	☐
Les familles de mots	☐	Les niveaux de langue	☐
Les homonymes	☐		

BILAN QUIZ ! Mathématiques

1 Coche les bonnes réponses.

1. Dans quatre-vingt-trois, il y a 4 dizaines. ☐ Vrai ☐ Faux

2. 74 < 69 ☐ Vrai ☐ Faux

3. Quel est le plus grand nombre ? ☐ 45 ☐ 78 ☐ 32

4. 32 – 45 – 63 – 87 sont rangés du plus petit au plus grand. ☐ Vrai ☐ Faux

5. Le chiffre des centaines de 458 est 5. ☐ Vrai ☐ Faux

6. Deux-cent-quatre-vingt-dix s'écrit 210. ☐ Vrai ☐ Faux

7. J'ai parcouru 315 m puis 280 m,
en tout j'ai donc parcouru 595 m. ☐ Vrai ☐ Faux

8. 258 + 483 est égal à : ☐ 7311 ☐ 741 ☐ 731 ☐ 641

9. J'ai reçu 48 € et j'ai dépensé 19 €, il me reste 39 €. ☐ Vrai ☐ Faux

10. 728 – 283 = 545 ☐ Vrai ☐ Faux

11. 45 × 10 = 405 ☐ Vrai ☐ Faux

12. En rangeant 90 œufs dans des boites contenant 6 œufs, je remplis :
☐ 10 boites. ☐ 12 boites. ☐ 15 boites. ☐ 20 boites.

13. Identifie le ou les triangle(s) rectangle(s).

☐ A 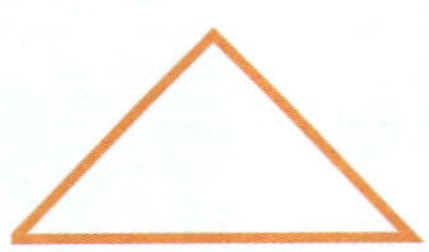 ☐ B 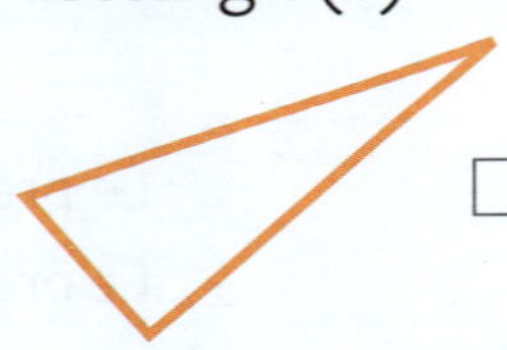 ☐ C 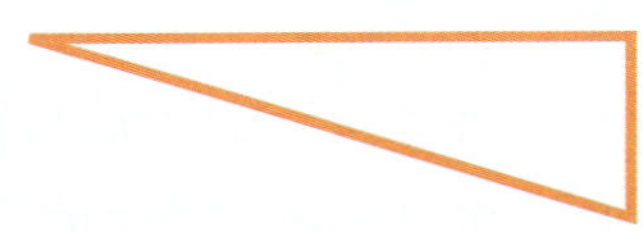

14. Un cercle se trace avec : ☐ une règle. ☐ un compas. ☐ une équerre.

15. Le nombre d'arêtes d'un pavé droit est : ☐ 6. ☐ 8. ☐ 12.

16. Combien d'axe(s) de symétrie possède la lettre **H** ? ☐ 1 ☐ 2 ☐ 4

17. Avec un billet de 50 € pour un achat de 17 €,
on me rend 23 €. ☐ Vrai ☐ Faux

18. Cette pendule indique :  ☐ 8 h 30. ☐ 9 h 30. ☐ 6 h 45.

19. 195 cm est égal à : ☐ 1 m 95 cm. ☐ 19 m 5 cm. ☐ 19 m 50 cm.

20. 3 000 g est égal à : ☐ 3 kg. ☐ 30 kg. ☐ 300 kg.

Corrigés page 31 du *Guide parents*

L'ANNÉE PROCHAINE EN CE2

Voici l'essentiel de ce que tu apprendras en **mathématiques** l'année prochaine. Fais une croix ☒ à côté des notions que tu connais déjà.

Nombres

Lire des grands nombres	☐	Intercaler des grands nombres	☐
Écrire des grands nombres	☐	Encadrer des grands nombres	☐
Comparer des grands nombres	☐		

Calculs

L'addition	☐	La multiplication par 100	☐
La soustraction	☐	La multiplication par 200	☐
Le sens de la multiplication	☐	Le partage : approche de la division	☐
La multiplication par 10	☐	Les tableaux	☐
La multiplication par 20	☐	Les graphiques	

Espace et géométrie

Se repérer dans l'espace	☐	Les figures géométriques	☐
Le vocabulaire de la géométrie	☐	Les solides	☐
La symétrie	☐	Les quadrillages	☐
Les polygones	☐		

Grandeurs et mesures

Les unités de mesure de longueurs	☐	Les unités de mesure de contenances	☐
Les unités de mesure de durées	☐	Utiliser la monnaie	☐
Les unités de mesure de masses	☐		

BILAN QUIZ !

Temps-EMC-Espace

Sciences

TEMPS – EMC - ESPACE

1 Coche les bonnes réponses.

1. Parmi les outils pour se repérer dans le temps, il y a :
   ☐ le cadran solaire. ☐ la montre. ☐ le stylo.
2. Le calendrier civil commence : ☐ le 1er septembre. ☐ le 1er janvier.
3. Une année peut durer : ☐ 365 jours. ☐ 587 jours.
4. L'un des symboles de la France est : ☐ le taureau. ☐ le coq.
5. Les panneaux de danger ont une forme : ☐ ronde. ☐ triangulaire.
6. À la piscine, il est interdit de : ☐ jouer. ☐ courir. ☐ crier.
7. Le maire de la commune est élu pour : ☐ 3 ans. ☐ 6 ans.
8. Le globe représente la Terre à plat. ☐ Vrai ☐ Faux
9. L'équateur partage la Terre en : ☐ 2 parties. ☐ 3 parties. ☐ 4 parties.
10. La France a 6 fleuves principaux. ☐ Vrai ☐ Faux

SCIENCES

2 Coche les bonnes réponses.

1. Plus un corps est chaud, plus sa température est basse. ☐ Vrai ☐ Faux
2. L'eau est à l'état solide quand sa température est au-dessus de zéro degré.
   ☐ Vrai ☐ Faux
3. La neige est constituée de cristaux de glace. ☐ Vrai ☐ Faux
4. Un animal omnivore se nourrit que d'animaux. ☐ Vrai ☐ Faux
5. Comment les animaux survivent-ils en hiver ?
   ☐ en migrant ☐ en hibernant ☐ en menant une vie au ralenti
6. Quel organe se trouve entre les deux poumons ?
   ☐ le foie ☐ le rein ☐ le cerveau ☐ le cœur ☐ le gros intestin
7. À 18 ans, l'homme a des dents : ☐ de lait. ☐ définitives.
8. Un interrupteur permet de couper les fils électriques. ☐ Vrai ☐ Faux

Corrigés page 31 du *Guide parents*

L'ANNÉE PROCHAINE EN CE2

Voici l'essentiel de ce que tu apprendras en **Histoire / Enseignement moral et civique / Géographie** et en **Sciences** l'année prochaine.
Fais une croix ☒ à côté des notions que tu connais déjà.

Histoire

Lecture d'une frise	☐	Le temps des rois	☐
La Préhistoire	☐	Le XIXe siècle et ses inventions techniques	☐
L'Antiquité	☐	Les présidents de la République française	☐
Le Moyen Âge	☐		

Enseignement moral et civique

Le respect d'autrui	☐	Les régions	☐
Les valeurs de la République	☐	Les services publics	☐
Les départements	☐		

Géographie

Lire une carte	☐	Les mers et les côtes	☐
La carte de la France	☐	Les fleuves	☐
Les différents reliefs	☐		

Sciences

Les différents états de l'eau	☐	L'alimentation	☐
Les êtres vivants et leur milieu	☐	Les objets techniques	☐
Les besoins des êtres vivants	☐	L'électricité	☐
Le fonctionnement du corps humain	☐	L'hygiène et la santé	☐

Tu apprendras aussi à te présenter, à compter, à parler de ton environnement proche dans la langue étrangère que tu as choisie en CP.

Droits de reproduction textes

G. Zryd, « La Coopération », in Isabelle Jaccard, Le Bois charmant : 15.
H. Oldendorf et J. Martin, *Clara va au zoo*, © Imaginemos : 24. Rémi Laureillard, *Fred le nain et Maho le géant*, © Éditions Gallimard, www.gallimard.fr : 25.
Mathilde Leriche, *Les Heures enchantées* © 2020 geuthner.com : 31.
Florence Faucompré, *Arthur le baleineau* : 45.

Crédits photographiques

30		Définition du mot « pétale » du dictionnaire Larousse junior 7-11 ans. © Éditions Larousse, 2015
103	©	Rubik's Brand Ltd / Le RUBIK'S CUBE®
106	ph ©	SPL / NASA / NOAA / Biosphoto
111-a	©	www.gallischehoeve.be via Wikimedia Commons
111-b	ph ©	Jack ma - Licence CC BY-SA 3.0 vie Wikimedia Commons
111-c	ph ©	Nicolas Thibaut / Photononstop
111-d	ph ©	Giovanni Simeone / Sime / Photononstop
118-g	ph ©	Banque de France
118-d	©	La Poste / DR
119-d	ph ©	Hamilton / REA
119-e	ph ©	Luisa Ricciarini / Leemage
119-f	ph ©	Luisa Ricciarini / Leemage
120-g	ph ©	www.delcampe.net
120-d	ph ©	Laurent Cerino / REA
126	ph ©	DDM-Frédéric Charmeux
132-h	ph ©	SPL - Science Photo Library / Solvin Zankl / Visuals Unlimited / Biosphoto
132-b	ph ©	M. Loup / Biosphoto
134-h	ph ©	Elena-studio / iStock / Getty Images Plus
134-b	ph ©	Adrian Coleman / iStock / Getty Images Plus
138	ph ©	CNRS
139-a	ph ©	CNRI / Cosmos
139-b	ph ©	CNRI / Cosmos
139-c	ph ©	CNRI / Cosmos
140-h	ph ©	Jorgensen / Petit Format
140-bg	ph ©	W. de L'Horme / Photononstop
140-bd	ph ©	M. Bussy / Photononstop
141-g	ph ©	Dr. Portier - CNRI / Science Photo Library / Biosphoto
141-d	ph ©	AGE / Photononstop

Achevé d'imprimer par La Tipografica Varese Srl, Varese – Italie – Dépôt légal 06141-5 / 01 – Mars 2020

MATHÉMATIQUES

La table d'addition

+	0	1	2	3	4	5	6	7	8	9	10
0	0	1	2	3	4	5	6	7	8	9	10
1	1	2	3	4	5	6	7	8	9	10	11
2	2	3	4	5	6	7	8	9	10	11	12
3	3	4	5	6	7	8	9	10	11	12	13
4	4	5	6	7	8	9	10	11	12	13	14
5	5	6	7	8	9	10	11	12	13	14	15
6	6	7	8	9	10	11	12	13	14	15	16
7	7	8	9	10	11	12	13	14	15	16	17
8	8	9	10	11	12	13	14	15	16	17	18
9	9	10	11	12	13	14	15	16	17	18	19
10	10	11	12	13	14	15	16	17	18	19	20

La table de soustraction

−	0	1	2	3	4	5	6	7	8	9	10
0	0										
1	1	0									
2	2	1	0								
3	3	2	1	0							
4	4	3	2	1	0						
5	5	4	3	2	1	0					
6	6	5	4	3	2	1	0				
7	7	6	5	4	3	2	1	0			
8	8	7	6	5	4	3	2	1	0		
9	9	8	7	6	5	4	3	2	1	0	
10	10	9	8	7	6	5	4	3	2	1	0

La table de multiplication

2	3	4	5	6	7	8	9
1 × 2 = 2	1 × 3 = 3	1 × 4 = 4	1 × 5 = 5	1 × 6 = 6	1 × 7 = 7	1 × 8 = 8	1 × 9 = 9
2 × 2 = 4	2 × 3 = 6	2 × 4 = 8	2 × 5 = 10	2 × 6 = 12	2 × 7 = 14	2 × 8 = 16	2 × 9 = 18
3 × 2 = 6	3 × 3 = 9	3 × 4 = 12	3 × 5 = 15	3 × 6 = 18	3 × 7 = 21	3 × 8 = 24	3 × 9 = 27
4 × 2 = 8	4 × 3 = 12	4 × 4 = 16	4 × 5 = 20	4 × 6 = 24	4 × 7 = 28	4 × 8 = 32	4 × 9 = 36
5 × 2 = 10	5 × 3 = 15	5 × 4 = 20	5 × 5 = 25	5 × 6 = 30	5 × 7 = 35	5 × 8 = 40	5 × 9 = 45
6 × 2 = 12	6 × 3 = 18	6 × 4 = 24	6 × 5 = 30	6 × 6 = 36	6 × 7 = 42	6 × 8 = 48	6 × 9 = 54
7 × 2 = 14	7 × 3 = 21	7 × 4 = 28	7 × 5 = 35	7 × 6 = 42	7 × 7 = 49	7 × 8 = 56	7 × 9 = 63
8 × 2 = 16	8 × 3 = 24	8 × 4 = 32	8 × 5 = 40	8 × 6 = 48	8 × 7 = 56	8 × 8 = 64	8 × 9 = 72
9 × 2 = 18	9 × 3 = 27	9 × 4 = 36	9 × 5 = 45	9 × 6 = 54	9 × 7 = 63	9 × 8 = 72	9 × 9 = 81
10 × 2 = 20	10 × 3 = 30	10 × 4 = 40	10 × 5 = 50	10 × 6 = 60	10 × 7 = 70	10 × 8 = 80	10 × 9 = 90

Le nom des nombres

1 un
2 deux
3 trois
4 quatre
5 cinq
6 six
7 sept
8 huit
9 neuf
10 dix

11 onze
12 douze
13 treize
14 quatorze
15 quinze
16 seize
17 dix-sept
18 dix-huit
19 dix-neuf
20 vingt

21 vingt-et-un
22 vingt-deux
23 vingt-trois
24 vingt-quatre
25 vingt-cinq
26 vingt-six
27 vingt-sept
28 vingt-huit
29 vingt-neuf
30 trente

31 trente-et-un
32 trente-deux
33 trente-trois
34 trente-quatre
35 trente-cinq
36 trente-six
37 trente-sept
38 trente-huit
39 trente-neuf
40 quarante

41 quarante-et-un
42 quarante-deux
43 quarante-trois
44 quarante-quatre
45 quarante-cinq
46 quarante-six
47 quarante-sept
48 quarante-huit
49 quarante-neuf
50 cinquante

51 cinquante-et-un
52 cinquante-deux
53 cinquante-trois
54 cinquante-quatre
55 cinquante-cinq
56 cinquante-six
57 cinquante-sept
58 cinquante-huit
59 cinquante-neuf
60 soixante

61 soixante-et-un
62 soixante-deux
63 soixante-trois
64 soixante-quatre
65 soixante-cinq
66 soixante-six
67 soixante-sept
68 soixante-huit
69 soixante-neuf
70 soixante-dix

71 soixante-et-onze
72 soixante-douze
73 soixante-treize
74 soixante-quatorze
75 soixante-quinze
76 soixante-seize
77 soixante-dix-sept
78 soixante-dix-huit
79 soixante-dix-neuf
80 quatre-vingts

81 quatre-vingt-un
82 quatre-vingt-deux
83 quatre-vingt-trois
84 quatre-vingt-quatre
85 quatre-vingt-cinq
86 quatre-vingt-six
87 quatre-vingt-sept
88 quatre-vingt-huit
89 quatre-vingt-neuf
90 quatre-vingt-dix

91 quatre-vingt-onze
92 quatre-vingt-douze
93 quatre-vingt-treize
94 quatre-vingt-quatorze
95 quatre-vingt-quinze
96 quatre-vingt-seize
97 quatre-vingt-dix-sept
98 quatre-vingt-dix-huit
99 quatre-vingt-dix-neuf
100 cent

DES TEMPS LOINTAINS À NOS JOURS

La Préhistoire

- Les vêtements sont en peau de bête.
- Les hommes habitent dans des huttes, des tentes et des grottes.

- Invention de l'agriculture et du tissage
- Les vêtements sont cousus.
- Les premiers bijoux
- Les maisons sont en bois et en terre.

L'Antiquité

- Invention de l'écriture
- Les Romains portent des toges.
- Les Gaulois portent des tuniques et des braies.
- Villas romaines

Le Moyen Âge

- Des châteaux forts et des cathédrales sont construits.
- Les femmes portent des robes longues et les hommes des habits courts.
- Début de la mode

Les temps modernes

- Les hommes et les femmes portent des perruques.
- Des châteaux de plaisance sont bâtis.